STOLJEĆE SRBIJANSKOGA TERORA

1918. - 2018.

Uspomena na brata Miru, stožernog narednika Hrvatske vojske
(Zagreb, 1969. - Osijek, 2017.)

Nenad Piskač

Naslov hrvatskog izdanja: Stoljeće Srbijanskoga Terora 1918. - 2018.
Autor: Nenad Piskač

Graficka priprema: Darko Potocki
Naslovna stranica: Max Križanić

Nakladnik: Nenad Piskač

ISBN:978-0-359-64804-7

Copyright © 2019 Nenad Piskač. **All rights reserved.**
Published by Nenad Piskač.

Prvo izdanje je dostupno u računalnome katalogu Nacionalne i sveucilisne knjizice u Zagrebu pod brojem 001013131.

Sva prava zadržava autor.

Nijedan dio ovog izdanja ne smije se umnožavati ili javno reproducirati bez predhodnog dopuštenja nakladnika i autora.

Nenad Piskač

STOLJEĆE SRBIJANSKOGA TERORA
1918. - 2018.

Jakovlje, prosinac 2018.

KAZALO

Predgovor: Akademik prof.dr.sc. Marko Samardžija   5

Prvo poglavlje:

    Stoljeće srbijanskoga terora 1918. - 2018.   7

Drugo poglavlje:

    Nova proizvodnja duše i mozga Beograda   35

Treće poglavlje:

    Više država u jednom jugoslavenskom društvu   79

Četvrto poglavlje:

    Analiza dokumenata Srpsko narodno vijeće   141
    - budućnost Srba u Hrvatskoj

Predgovor

Cijelu 2018. godinu većina europskih i dio izvaneuropskih zemalja posvetile su sjećanju na Veliki rat kao na do tada u ratovanju nezabilježeno stradalište. Dobrih razloga za obilježavanje kraja Velikoga rata, koji je poslije nazvan Prvim svjetskim, imaju i Hrvati kojih je na raznim bojištima diljem Europe (u Galiciji, na istočnom frontu, u bitkama za Soču, u Dolomitima, u Srbiji) poginulo oko stotinu i pedeset tisuća. S obzirom na činjenicu da su se na kraju Velikoga rata našli na gubitničkoj strani, njihovim žrtvama nije posvećivana gotovo nikakva pažnja. Zato se u naše dane na raznim stranama pronalaze zapušteni i zaboravljeni grobovi i groblja hrvatskih vojnika iz Prvoga svjetskog rata iako je i hrvatska predsjednica bila pozvana na obilježavanje kraja Velikoga rata 11. studenoga u Francuskoj. Za razliku od većine drugih naroda koji su sudjelovali u Velikom ratu i u njem izborili svoju slobodu, hrvatski narod imao je nažalost dobar razlog da u kolektivnom pamćenju potisne dan završetka Velikoga rata jer mu taj završetak nije donio slobodu. Nakon kratkotrajne Države Slovenaca, Hrvata i Srba (proglašena 29. listopada 1918.) većina se tadanjih hrvatskih političara uplašila vlastite samostalnosti pa je hrvatske zemlje požurila darovati Kraljevini Srbiji u koju su mnogi, požurivani od Svetozara Pribićevića, pohitali u Beograd „kao guske u maglu" kao što ih je upozoravao Stjepan Radić. Tako je prije stotinu godina, 1. prosinca 1918., nakon govora Ante Pavelića st. (zubara) proglašeno ujedinjenje južnoslavenskih krajeva koji su pripadali Austro-Ugarskoj Monarhiji s Kraljevinom Srbijom.

Tako su Hrvati, još dok su pobjednici Velikoga rata u Versaillesu dijelili ratni plijen, ušli u ustavno-pravni provizorij poznat kao Kraljevstvo Srba, Hrvata i Slovenaca. Kakva će biti ta nova država kojoj su i neki hrvatski pjesnici pjevali zanosne ode, pokazala je već prva sjednica prve njezine vlade koja je već u prosincu 1918. donijela odluku o ravnopravnosti ćirilice i latinice na cijelom državnom području čime je zapravo započelo nametanje ćirilice svim nesrpskim narodima. A kad se potkraj 1920. iz Versaillesa vratio vodeći srbijanski političar i kraljev pouzdanik Nikola Pašić, pristupilo se cjelovitu oblikovanju nove države koja je po ustavu donesenu 28. lipnja 1921. nazvana Kraljevina Srba, Hrvata i Slovenaca (SHS). U toj je državi živio samo jedan bezimeni narod s tri plemena (Srbi, Hrvati i Slovenci), a službenim je jezikom proglašen srpsko-hrvatsko-slovenački. Državom su uskoro zavladali nasilje, teror i prijevare što će potrajati gotovo do njezina kraja. Zato autor ove knjige i govori o stoljeću srbijanskoga terora u Hrvatskoj koji se na poseban način vrlo dobro uočava i u unitarističkoj jezičnoj i pravopisnoj politici koja je provođena u toj državi.

Stoljeće srbijanskoga terora 1918. - 2018.

Čitatelj(ica) ove knjige lako će zamijetiti ne samo autorovu zainteresiranost za tu problematiku, nego i njegovo nastojanje da pokaže kontinuitet te unitarne i nasilne politike do kraja 90-ih godina 20. stoljeća, tj. i u vrijeme socijalističke Jugoslavije. A neke značajke te zakašnjele imperijalne politike autor uočava i raščlanjuje i u svojim recentnim komentarima na portalu Hrvatskoga kulturnog vijeća (hkv.hr).

Posao mu pritom olakšavaju i neke sasvim suvremene izjave aktualnih srbijanskih političara poput nedavne neistine da se danas u Kninu vije hrvatska zastava koje ondje nikada nije bilo ili tvrdnje da političke odnose na jugoistoku Europe komplicira sve jače fragmentiranje srpskog jezika na niz političko-nacionalnih varijeteta.

Autor ove knjige kao iskusan publicist i pozoran motritelj u svojim je kritičkim prosudbama podjednako oštar u ocjenjivanju kako recikliranih velikosrpskih stajališta iz 19. stoljeća („Načertanije", „Srbi svi i svuda") tako i suvremenih poput spomenutih u kojima dobro uočava velikosrpske ideje što će nedvojbeno privući pozornost zainteresiranih čitatelja.

akademik Marko Samardžija

Zaprešić, 18. studenoga 2018.

Stoljeće srbijanskoga terora u Hrvatskoj

Srbijanski teror nad Hrvatima u proteklih sto godina provodio se fizički i pravosudno, jezično i teritorijalno, mitovima i propagandom. Kontinuirano je likvidirao i zatvarao brojne Hrvate, nametao nepostojeći jezik i ćirilizirao Hrvatsku, otimao hrvatske državne i povijesne teritorije i u hrvatsko društvo i međunarodnu zajednicu ugrađivao velikosrpske i jugoslavenske mitove. Srbija prema Hrvatskoj 2018. ima ista politička polazišta kao i godine 1918.

Povijesni presjek od Karađorđevića i Pribićevića do Vučića i Pupovca

Uvod

Kad je bosanski Srbin Gavrilo Princip u Sarajevu 28. lipnja godine 1914. ubio austro-ugarskoga prijestolonasljednika Franju Ferdinanda i njegovu trudnu suprugu, izbio je Prvi svjetski rat. Kraljevina Srbija Niškom deklaracijom 1914. definirala je ratne ciljeve – ujedinjenje Hrvata i Slovenaca iz Austro-Ugarske monarhije sa Srbijom i Crnom Gorom. U ratu je poginulo oko 130.000 Hrvata. Tijekom rata u Parizu je osnovan Jugoslavenski odbor, Londonskim sporazumom Antanta je Italiji obećala velike dijelove hrvatske obale, otoke i poluotok Istru, Srbija je priznala Italiji pravo na okupaciju dijela istočne jadranske obale s nadom da će ostatak hrvatskoga Jadrana „prisajediniti" Beogradu. S političke karte Europe nestala je Austro-Ugarska Monarhija.

Hrvatski sabor 29. listopada 1918. prihvatio je zaključak o raskidu državnopravnih sveza hrvatskih zemalja s Austro-Ugarskom i o proglašenju Dalmacije, Hrvatske i Slavonije s Rijekom nezavisnom državom koja s ostalim zemljama dotad pod austrougarskom vlašću ulazi u zajedničku Državu Slovenaca, Hrvata i Srba, kojoj je na čelu Narodno vijeće i obuhvaća područja Slovenije, Hrvatske, Bosne i Hercegovine i Vojvodine. Srbi koji su živjeli na teritoriju nove Države SHS, osobito političar Svetozar Pribićević i Kraljevina Srbija rade pritisak na novu državu s ciljem da je priključe Beogradu. Predstavnici Države SHS, na čelu s Antom Pavelićem starijim i Svetozarom Pribićevićem odlaze „kao guske u maglu" u Beograd i 1. prosinca 1918. prisustvuju jednostranom proglašenju „prisajedinjenja" Države SHS Kraljevini Srbiji i imenovanju države Kraljevine Srba, Hrvata i Slovenaca. Odmah se pokazalo kako nije riječ o ujedinjenju dviju država, već o klasičnoj okupaciji. Započelo je stoljeće srbijanskoga terora nad hrvatskim narodom. Prve dvije i pol godine „prisajedinjenje" se provodilo bez državnoga ustava.

Krvavo stoljeće sastoji se od nekoliko razdoblja. Prvo je razdoblje od srbijanske okupacije Hrvatske 1. prosinca 1918. do uspostave hrvatske države 10. travnja 1941. Drugo je od 1941. do obnove Jugoslavije 1945. Slijedi dugotrajno razdoblje jugoslavenskoga komunističkoga totalitarizma od 1945. do uspostave Republike Hrvatske s Danom državnosti 30. svibnja 1991. Posebno su zanimljiva zadnja dva razdoblja: Doba hrvatskoga oslobođenja od srbijanskoga i jugoslavenskoga komunističkoga terora od 1991. do 2000. i doba puzeće obnove jugoslavenskih odnosa i pristajanja na balkansko pozicioniranje hrvatske države u godinama od 2000. do 2018. U svim razdobljima Srbija je provodila istu imperijalističku vanjsku politiku prema nesrpskim narodima na Balkanu, smatrajući ih svojim kolonijama.

Srbijanski teror nad Hrvatima u proteklih sto godina provodio se fizički i pravosudno, jezično i teritorijalno, mitovima i propagandom. Kontinuirano je likvidirao i zatvarao brojne Hrvate, nametao nepostojeći jezik i ćirilizirao Hrvatsku, otimao hrvatske državne i povijesne teritorije i u hrvatsko društvo i međunarodnu zajednicu ugrađivao velikosrpske i jugoslavenske mitove. Srpska intelektualna, klerikalna i politička elita polazi od toga da Hrvati nisu politički narod dostojan vlastite države. Na Balkanu samo su Srbi politički narod. Tamo gdje Srbi u „srpskim zemljama" nisu politički narod, oni to trebaju postati. Stoga su srbijanski i prosrbijanski režimi u proteklih stotinu godina poticali pljačku, iseljavanje, sijali strah i nad Hrvatima provodili masovne zločine s elementima genocida, a svaku hrvatsku državu proglašavali zločinačkom.

Srbijanski teror nad nesrpskim narodima ideološku i političku podlogu ima u planu koji je 1844. u doba raspadanja Osmanskoga carstva izradio srbijanski ministar vanjskih poslova, Ilija Garašanin, o tome kako slavenske zemlje iz okružja priključiti srpskoj državi. Plan se oslanjao na teze Vuka Stefanovića Karadžića - postoje Srbi pripadnici triju vjera i svi štokavci su Srbi, te na crkvenu jurisdikciju pećkoga patrijarha. Od Garašanina do danas operativna su polazišta Srbije nepromjenjiva: Na Balkanu su „Srbi svi i svuda", granice srbijanske države na zapadu obasežu sva područja gdje žive Srbi, napokon, sve „srpske zemlje" treba „osloboditi" i „prisajediniti" ne birajući sredstva, kao što je početkom 1989. objasnio Slobodan Milošević: „Institucionalno ili vaninstitucionalno, statutarno ili nestatutarno, na ulici ili unutra, populistički ili elitistički, argumentovano ili neargumentovano".

U područja koja je smatrala „srpskim zemljama" Kraljevina Srbija još u 19. stoljeću poslala je svoje agente kako bi pripremali uvjete za „oslobođenje" svih Srba i „prisajedinjenje" svih „srpskih zemalja". S tom praksom nastavilo se u Hrvatskoj do današnjih dana. Tijekom posjeta Hrvatskoj godine 2018. srbijanski predsjednik Aleksandar Vučić prikazao je zastupnika Hrvatskoga sabora, Milorada Pupovca, kao čovjeka Beograda, a hrvatske političke elite lažno su prikazale četnika Vučića kao „europskoga Vučića". Na isti način prije stotinu godina Pribićević je prikazivao srbijanskoga Kralja kao idealno rješenje hrvatskoga pitanja.

U Zagrebu je Beograd uvijek imao svoje ljude. Prenoseći poruku Beograda zagrebački list srpske nacionalne manjine Srbobran 1902. objavljuje tekst Nikole Stojanovića u kojemu je zanijekao hrvatsku narodnost i jezik. Najavio je: „Hrvati, dakle, nisu i ne mogu biti posebna narodnost, ali su na putu da postanu srpska narodnost... Proces toga pretapanja niko ne može zaustaviti". Pretapanje Hrvata u Srbe, međutim, zaustavljeno je 1941. i 1991. uspostavom hrvatskih država. Prva je nestala obnovom Jugoslavije, a drugu su nakon početnih uspjeha, suvremene guske u magli dotjerale na rub održivosti.

Uoči veleizdaje i okupacije, 13. studenoga 1918. u Zagreb je stigao opunomoćenik srbijanske Vrhovne komande, pukovnik Dušan Simović. Rekao je predstavnicima Narodnoga vijeća Države Slovenaca, Hrvata i Srba kako Srbija ne može dopustiti na svojim granicama formiranje nove države koja bi u svoj sastav uzela njezine sunarodnjake. Dodao je - Srbiji po pravu oružja pripadaju Srijem, dio Slavonije, Bosna i Hercegovina i Dalmacija. I zaključio: „Izvan te teritorije možete se opredjeljivati po volji". Unatoč tome, veleizdajnici i guske, prihvatili su 1. prosinca 1918. politiku pretapanja Hrvata u Srbe i utapanja Hrvatske u Srbiju. Taj se proces nije mogao provesti bez prisile, nasilja i diktature. Srbija je, naime, čin „ujedinjenja" u Kraljevinu SHS planirala, provela i održavala isključivo kao proširenje Srbije.

1. razdoblje od 1918. do 1941.

Srbijanska okupacija u izravnoj je suprotnosti planu od 14 točaka američkoga predsjednika Wodrowa Wilsona, prema kojemu poslije završetka Prvoga svjetskoga rata pokoreni narodi imaju pravo na samoodređenje i samostalnost. Okupaciji, jednostranom ujedinjenju, usprotivila se Hrvatska pučka seljačka stranka sa Stjepanom Radićem i Hrvatska stranka prava – frankovci. Neustavni okupacijski režim odmah je pokazao velikosrpske namjere i diktatorski način održavanja vlasti.

Šef policije Grga Anđelinović 4. prosinca 1918. zabranio je izlaženje zagrebačkog dnevnika „Hrvatska", koji je dan ranije objavio proglas „Hrvatskom narodu" u kojemu u povodu „ujedinjenja" piše: „Oduzeše Tebi hrvatski narode Tvoju suverenost i prenesoše vladarsku vlast nad hrvatskim narodom na N. V. srpskoga kralja Petra I. (...) za Tvoju odluku u tom važnom času nitko Te nije pitao". Hrvati su 5. prosinca u Zagrebu demonstrirali protiv veleizdaje i okupacije. Anđelinovićevi žandari ubili su 15 i ranili više od 20 demonstranata. Anđelinović se kasnije javno ponosio „svojim krvavim rukama". U prosinačke žrtve spadaju i 23 dočasnika i časnika koje je vojni sud osudio na kazne zatvora od 18 mjeseci do 10 godina upravo na dan kad je srpska Narodna skupština 29. prosinca potvrdila akt „ujedinjenja", kojega Hrvatski sabor nikad nije ratificirao. Vojnu vlast u Hrvatskoj preuzima srbijanski pukovnik Dušan Simović sa svojim oficirima. U prosincu oduzeto je oružje domobranskim pukovnijama, dijelom su raspuštene, dijelom pridružene srpskoj vojsci. Hrvatska je razoružana! Velikosrpski bal vampira mogao je neometano početi. I počeo je!

Za početak Hrvatska je temeljito opljačkana. Režim je odredio - 4 krune vrijede 1 srpski dinar. Hrvati su zamjenom valute ostali bez tri četvrtine kapitala. Hrvatska je ostala bez milijarde i 400 milijuna dinara gotovine. Suočila se i s najezdom koruptivne državne uprave, čijeg se korijenja nije riješila do 2018. Rudolf Bićanić piše: „Jedan glomazni, tromi, lijeni, indiferentni, do očaja formalistički, neekspeditivni, nepraktični, neracionalni i ignorantski, a strašno skupi birokratski aparat s orijentalnim tradicijama, metodama i moralom koji se samo 'mazivom' može da pokreće, koji se održava samo ličnim protekcijama ili pak strada od ličnih partijskih osveta, a koji uz to drži u svojim rukama čitavu moć i vlast u državi... - najpodesniji je milieu za korupciju, koja se odatle širi po cijeloj državi".

Pljačkalo se i velikim opterećenjem uvoza i izvoza – koje su plaćali zapadni krajevi kao najveći izvoznici i uvoznici, potom i poreznom nejednakošću, zaduženjima države koje opet porezom najviše plaćaju Hrvati. Zemljarine i kućarine iznose i do 4 puta više u Hrvatskoj negoli u Srbiji. Pruge se za razliku od Srbije u Hrvatskoj ne grade, u luke se ne ulaže, kako bi Hrvatska sve više zaostajala. Godine 1934. investicije u građevinske objekte u Srbiji iznose 220 milijuna dinara, istodobno u Hrvatskoj 38 milijuna. Beograd je digao zajam od sto milijuna dolara na 40 godina otplate s kamatom od 8 posto za gradnju tzv. „Jadranske željeznice" koja je trebala spojiti Beograd s Kotorom preko Loznice, Višegrada, Foče i Nikšića. Hrvatski kadrovi participiraju u državnim službama samo s 15 posto.

Vlada Kraljevine SHS na prvoj sjednici 21. prosinca 1918. proglasila je „na cijelom državnom području ravnopravnost upotrebe latinice i ćirilice", što je utrlo put nametanju ćirilice i potiskivanju latinice u Hrvatskoj, Bačkoj i Bosni i Hercegovini – sto godina kasnije Hrvatska još nema zakon o hrvatskome jeziku. Ćirilica je postala sredstvom srbijanske hegemonije. Ćirilizacija se razmahala poslije donošenja Vidovdanskog ustava, osobito poslije „Uredbe o podeli zemlje na oblasti". U 33 državne oblasti postaje jedinim pismom komunikacije državne uprave, na tiskanicama, u školstvu, na novčanicama, u vojsci, na željeznici... Punih dvadeset godina ostala je sastavnim dijelom službene državne i jezične politike. Stoljeće poslije svjedoci smo pokušaja ćirilizacije Vukovara i progona njezinih protivnika.

Režim Kraljevine SHS iskazao se i promjenom toponima. Karlsdorf je preimenovan u „Karadjordjevo", Alajbegovci u „Petrovo selo", Marija Zvijezda u „Putnikovo brdo" . Sutivan je postao „Sv. Jovan", Sućuraj - „Sv. Gjorgje", Nerežišća – Nerezi. Mali Ker i Stari Ker prekršteni su po živim srbijanskim političarima u Pribićevićevo i Pašićevo. Česte su i promjene prezimena u „politički korektna", kao Deutch u Dragić, Dragojević u Prodanović, Franjić u Gjurković, Grünwald u Gorjan, Hajduk u Hajduković, Spannbauer u Ferić...

Okupatorska vlada Nikole Pašića od početka je provodila pravoslavno klerikalnu politiku. Iz državnoga proračuna vladikama Srpske pravoslavne crkve isplaćivala je plaću od 10.000 dinara, a katoličkim biskupima 3.976. Mirovina vladike iznosila je 9.000 dinara, više negoli plaća dvaju katoličkih biskupa. Katoličkoj crkvi agrarnom reformom oduzeti su posjedi, no, kako nisu bili gruntovno preneseni, za oduzete posjede plaćala je porez. Katoličke bolnice i gimnazije u stalnoj su opasnosti od ukinuća, svećenici zatvarani i ubijani. Režim i Srpska pravoslavna crkva onemogućavali su konkordatsko uređenje položaja Katoličke crkve.

Izbornim zakonom određeno je da izborne jedinice ne mogu imati manje od 30.000 ni više od 45.000 stanovnika, što je otvorio vrata izbornim manipulacijama. U Srbiji se birao veći broj narodnih zastupnika budući da su u njoj utvrđene izborne jedinice s manjim brojem stanovnika negoli u Hrvatskoj.

Radićeva stranka 3. veljače 1919. upućuje Memorandum Mirovnoj konferenciji u Parizu sa zahtjevom za pravo na hrvatsko samoodređenje s potpisima dvjesto tisuća Hrvata. Pribićević, ministar policije, 25. ožujka uhićuje Radića i drži ga 11 mjeseci u zatvoru. Italija je u rujnu 1919. okupirala Rijeku provodeći Londonski sporazum iz 1915. s kojim se suglasila srbijanska vlada, a sada i vlada Kraljevine SHS. Talijanske vlasti u Istri godine 1923. ukinut će i hrvatske škole. Hrvatsku istodobno teroriziraju Italija i Srbija. — feb 20

Kraljevina SHS 1920. u Rapallu Italiji je prepustila Istru, Cres, Lošinj, Zadar, Lastovo i Palagružu. Usvojila je, bez Hrvata, tzv. Vidovdanski ustav 1921. kojim je promoviran unitarizam i državni centralizam. Razbijene su hrvatske povijesne cjeline. Ukinuta je saborska institucija i banska čast. Zatim je usvojen i Zakon o zaštiti države. Njime su ozakonjene brutalne kazne sve do smrtne, za one koji su se suprotstavljali okupacijskoj politici „prisajedinjenja svih srpskih zemalja".

Okupatorska vlada prepustila je Mađarskoj Pečuh, Mohač, Barč, Siget i Baju, čime je tamošnji hrvatski korpus od 350.000 Hrvata razdijeljen na mađarski i srpski dio. Srbijanski režim potiče plansku srbijanizaciju, osobito Vojvodine, naseljavanjem srpskih dobrovoljaca, tzv. „solunaca", nametanjem srpskoga jezika i pisma. Godine 1922. Uredbom o administrativnoj podjeli države Hrvatska je razdijeljena na 6 oblasti, Boka kotorska izdvojena je iz Dalmacije, Baranja je pripojena bačkoj oblasti. Rimskim ugovorima između fašista Mussolinija i Pašića okupatorska vlast 1924. prepustila je hrvatsku Rijeku Italiji.

Još od 28. travnja 1919. na područjima „neprijateljskih oblasti", „prisajedinjenih" od Države SHS, vrijedi članak 298. srbijanskoga „krivičnoga" zakona: „Stanovnici neprijateljskih oblasti koje je vojska zauzela, predležu suđenju vojnih sudova". Kaznu batinanja uveo je srbijanski pukovnik Teslić a nebrojeno puta odobrio Svetozar Pribićević. Zagovornik republike kažnjavan je s 25 udaraca batinom. Obitelj strijeljanoga Hrvata morala je okupatoru platiti metke kojima je ubijen! U prvim godinama Kraljevine u Hrvatskoj je izravno terorizirano više od 30.000 ljudi.

Kanadski general F. E. Burnham po povratku iz Kraljevine SHS izjavio je: „Ono što se sada zove Jugoslavija, to je krvavi pandemonijum nečuvenih grozota, progona, pljačkanja, političkog podjarmljivanja i najstrašnijih represalija. Pučanstvo Crne Gore, Albanci, Makedonci, Hrvati i Muslimani složni su u dubokoj mržnji protiv svojih tlačitelja, koji se služe najgroznijim metodama, kao u srednjem vijeku".

Srbijanski režim podupire ondašnje tzv. „nevladine organizacije", fašističku Pribićevićevu Organizaciju jugoslavenskih nacionalista i Pašićevu Srpsku nacionalnu omladinu. Ove terorističke organizacije nesmetano provode teror nad neistomišljenicima režima i protivnicima srbijanske okupacije.

Vrhunac srbijanskoga terora dogodio se 1928. kad je srpski zastupnik Puniša Račić usred beogradske skupštine ubio zastupnike HSS-a Đuru Basaričeka i Pavla Radića, ranio Ivana Pernara, Ivana Granđu i Stjepana Radića, vodećega hrvatskog političara koji je od zadobivenih rana ubrzo preminuo. Zdravomu razumu u tom je trenutku preminuo svaki oblik jugoslavenske zajednice.

Ne bi li smirio nezadovoljstvo kralj Aleksandar Karađorđević predlaže

Pribićeviću velikosrpski Amputacijski plan izdvajanja Hrvatske iz Kraljevine uz oduzimanje Slavonije, Dalmacije i dijela središnje Hrvatske s granicom velike Srbije na crti Virovitica – Karlovac – Karlobag. HSS je odbio plan. U Zagrebu sveučilištarci proglašavaju generalni štrajk, koji je završio novim krvoprolićem, povučen je veliki župan, a uprava je povjerena srpskom pukovniku Maksimoviću.

Kralj je 1929. izvršio državni udar i uveo tzv. šestojanuarsku diktaturu, pod geslom „jedan kralj, jedan narod, jedna država". Skupština je raspuštena. Ustav suspendiran. Zabranjene su nacionalne stranke i političke slobode. Šef vlade postaje zapovjednik Kraljevske garde srbijanski general Petar Živković, poznat kao Pera Kapija. Beogradski sud za zaštitu države osuđuje na smrt potpisnike zajedničke Deklaracije Hrvata i Makedonaca kojom se zalažu za ljudska i nacionalna prava, političke slobode i potpunu nezavisnost Hrvatske i Makedonije. Među osuđenicima je i Ante Pavelić mlađi, koji odlazi u emigraciju. Hrvatsku stranku prava preuzima književnik Mile Budak.

Kraljevina SHS preimenovana je 1929. u Kraljevinu Jugoslaviju podijeljenu na 9 banovina čije granice nisu uvažavale etniče i zemljopisne cjeline. Hrvatska je raskomadana na četiri banovine kako bi se poništio nacionalni i povijesni identitet hrvatskoga naroda. Od nje je izuzet Srijem, a od Dalmacije dubrovačka oblast južno od Neretve. Politika se provodi pod unitarističkim sloganom „Stvorili smo Jugoslaviju, stvorimo Jugoslovene". Jugoslavenstvo postaje državnom ideologijom, a brisanje nacionalnih identiteta ostvaruje se najgrubljom silom.

Takvo stanje izaziva hrvatske reakcije. U Italiji 1930. djeluje organizacija Ustaša – hrvatski oslobodilački pokret. Istodobno HSS šalje Ligi naroda Memorandum u kojemu ističe apsolutistički režim kralja i sve lošiji položaj Hrvata i njihovih prava. Upozorava na zabranu kulturnih i znanstvenih društava, na nestanak hrvatskoga jezika iz škola i javnih službi, na krivotvorenje i brisanje hrvatske povijesti u udžbenicima te da srbijanska diktatura zaustavlja kulturni napredak Hrvata, zapostavlja katoličku vjeru, oštećuje nadgrobne spomenike...

Beogradski režim, međutim, provodeći samovolju nastavlja s diktaturom. Godine 1931. ubija Milana Šufflaya, povjesničara, književnika i člana Hrvatske stranke prava. Reagiraju Albert Einstein i Heinrich Mann u New York Timesu, zahtijevajući da se Liga naroda zauzme za Hrvate te da prikupi „svu moguću pomoć da zaštiti taj maleni, miroljubivi i veoma civilizirani narod". Godinu dana kasnije u Zagrebu je izvršen atentat na hrvatskoga političara Milu Budaka. Potom i na pravaša, geopolitičara Ivu Pilara koji je te 1933. objavio u Berlinu raspravu „Uvijek iznova Srbija: Sudbonosni trenutak Jugoslavije", koja je odmah zabranjena.

Kralj 1931. nameće Ustav, opet centralistički i u duhu jugoslavenskoga unitarizma i prikrivenoga velikosrpstva. Zabranjene su sve „plemenske, vjerske i pokrajinske stranke", tj. nacionalne, a glasovanje na izborima bilo je javno.

U Italiji 1932. počinje izlaziti list Ustaša – vjesnik hrvatskih revolucionaraca. Ustaški pokret reakcija je na srbijanski teror u hrvatskim krajevima. Cilj mu je bio stvaranje samostalne hrvatske države. Protiv srbijanske diktature demonstrira se diljem Hrvatske, u Senju, Ludbregu, Kosinju, Splitu... Ustaše 1932. podižu Velebitski ustanak. Ne bi li zadobili simpatije njega su verbalno poduprli i komunisti: „Komunistička Partija obraća se cijelom hrvatskom narodu sa pozivom da svim snagama podupre borbu ustaša... Dolje velikosrpska vojno – fašistička diktatura! Za nezavisnu Hrvatsku!". Iste godine Hrvati reagiraju Zagrebačkim punktacijama, osuđujući kraljev apsolutizam i srbijanski hegemonizam. Traže preuređenje Kraljevine Jugoslavije vraćanjem „na 1918. kao ishodišnu točku". Zbog Punktacija režim odmah uhićuje Vladka Mačeka i osuđuje ga na 3 godine strogog zatvora.

Pod geslom „Za kralja i otadžbinu" od početaka dvadesetih godina započinje osnivanje brojnih četničkih organizacija na prostorima „prisajedinjenih neprijateljskih oblasti". Četnici su u službi režima, podupiru diktaturu, srpski imperijalizam, služe kao sredstvo srbizacije i provođenja politike i čuvanja velikosrpskoga režima. Kad je 1934. u Marseillesu ubijen kralj Aleksandar, četničke organizacije dobile su novi zamah. U zapadnoj Slavoniji osnovano je 40 četničkih pododbora, koji izazivaju, prijete, napadaju, ubijaju političke protivnike, uglavnom Hrvate. Godine 1935. u Lici osnovano je 15 četničkih odbora s pedesetak pododbora. Od 1933. do 1935. utemeljeno je u našičkom kotaru 20 organizacija „Udruženja četnika za slobodu i čast otadžbine", 5 u valpovačkom i 4 u donjomiholjačkom. Najpoznatije četničke vojvode bili su Ilija Trifunović Birčanin i Kosta Pećanac, a danas su ratni zločinac Vojislav Šešelj i Tomislav Nikolić, bivši predsjednik Republike Srbije. Četnik je i sadašnji predsjednik Aleksandar Vučić. Iako su četnici i krajem 20. stoljeća sudjelovali u agresiji na Republiku Hrvatsku, njihove organizacije u njoj nisu službeno zabranjene, kao ni nedemokratska velikosrpska ideologija.

Represija jugorežima očitovala se 19. i 20. veljače 1935. Počinjen je bezrazložan zločin nad seljacima Jakačine Male, Grižića, Gornjih Andrijevaca, Donje Vrbe i Ruščice, poznat kao Sibinjske žrtve – s 5 ubijenih i mnoštvom ranjenih. Grijesi seljaka bili su klicanje Mačeku, povici „živjela Hrvatska" i „dolje četnici"! Zločinom se htjelo zaplašiti seljaštvo sklono HSS-u, vodećoj političkoj snazi hrvatskoga naroda. Nadbiskup Antun Bauer u svibnju 1935. uručio je Kralju memorandum u kojemu ustaje protiv progona hrvatskoga naroda. Zbog nesmiljene diktature i kontinuiranoga terora Hrvata, Hrvatska seljačka stranka je 1935. utemeljila Hrvatsku građansku zaštitu, Hrvatsku seljačku zaštitu i Gospodarsku slogu.

Godine 1937. srbijanski teror uzima nove žrtve. odlaska s proslave u Senju, bez ikakvoga povoda žandari su pucali na vozila s istaknutom hrvatskom zastavom, u kojima je bila mladež iz Gospića i Pazarišta. Ubili su sedam mladića i jednu djevojku u dobi od 20 do 25 godina, dok je petero ranjeno.

Pritisnut unutarnjim i vanjskim silnicama režim je pristao na sporazum Dragiše Cvetkovića i Vladka Mačeka kojim je 1939. utemeljena Banovina Hrvatska s nekim elementima državnosti, što je odmah potaknulo Srbe iz pojedinih kotara Banovine da zatraže „prisajedinjenje" srpskom dijelu države, u čemu ih podržavaju Srpska pravoslavna crkva i beogradski vojni krugovi, te su utemeljili srpski pokret „Krajina" s ciljem sprječavanja bilo kakve hrvatske države. U Zagrebu 1939. godine izlazi i brošura „Krajina – Srbi u našim sjeverozapadnim pokrajinama". Hrvatske krajeve navedene u brošuri Srbi će okupirati 1991. i pokušati pripojiti Srbiji. Utemeljen je i pokret „Srbi na okup". I prije uspostave Nezavisne Države Hrvatske Srbi pokušavaju pojedine kotareve odcijepiti od Banovine Hrvatske. Poslije 1945. nazvat će to „antifašističkim ustankom". Banovina je predstavljala koncepcijski otklon od kraljevskoga centralizma. U njoj je, uz ostalo, zaživio i pokret za hrvatski književni jezik.

2. razdoblje od 1941. do 1945.

Kraljevina je kapitulirala 1941. Kralj je pobjegao u inozemstvo. Uspostavljena je Nezavisna Država Hrvatska. Proglašena je po ustašama 10. travnja 1941. u Zagrebu, a po izrazu težnje hrvatskoga naroda dva dana ranije, 8. travnja u Bjelovaru. Reakcija jugoslavenske vojske i četnika bila je brutalna. Na području grada Bjelovara do 25. travnja ubijeno je 27, a na području bjelovarskoga kotara 72 Hrvata, među ubijenima je 19 žena i 17 djece. Četnici 12. travnja napadaju Slunj. Ostatci jugoslavenske vojske u povlačenju ubijaju nekoliko desetaka civila u okolici Mostara paleći kuće po hrvatskim selima. Istodobno četnici rade pokolje u Čapljini i okolici.

Na čelu četničkoga pokreta bio je pukovnik Jugoslavenske kraljevske vojske Draža Mihailović. Pokretu je pristupio znatan dio Srba iz NDH. Njih je kralj Petar II. Karađorđević pozvao „na oružje" riječima: „Svrstavajte se u redove po selima i gradovima pod vodstvom mojih najhrabrijih i najčestitijih ljudi... Sve one obaveznike koji su otišli neprijateljima, smatrat ću izdajicama!".

Kraljev četnik Mihailović izjavio je: „Borit ću se za najuzvišenije ideale koje Srbin može imati: za oslobođenje i ujedinjenje zauvijek svih srpskih zemalja. (...) Gdje god ima srpskih grobova, ono je srpska zemlja". O kakvoj velikoj Srbiji Mihailović sanja vidljivo je u njegovim Instrukcijama iz prosinca 1941. u kojima je naveo glavne ciljeve četničke borbe: 1. Stvoriti veliku Jugoslaviju i u njoj veliku Srbiju, etnički čistu i u granicama predratne Srbije, Crne Gore, Bosne i Hercegovine, Srijema – Banata – Bačke; 2. čišćenje državnog teritorija od svih narodnih manjina i 3. stvoriti neposredne zajedničke granice između Srbije i Crne Gore te Srbije i Slovenije čišćenjem muslimana i Hrvata.

Uz četnike protiv hrvatske države ustali su i komunisti. Obje skupine željele su obnovu Jugoslavije. Četnici obnovu Kraljevine okrenute zapadu s dominacijom Srba. Komunisti su se svrstali uz boljševičku ideologiju i oslanjali se na SSSR. Jedni i drugi željeli su osvojiti vlast u budućoj Jugoslaviji. Glavna prepreka bili su im hrvatski narod i država.

Od travnja četnički zločini nad civilnim stanovništvom zabilježeni su u kotarevima Knin i Sinj, zatim u Blagaju, kotaru Gacko, zapadnoj Bosni, Podrinju – Foči, Čajniću, Srebrenici, Višegradu i Goraždu gdje masovno stradavaju muslimani, što će se ponoviti 1995. srbijanskim genocidom u Srebrenici. Slijede zločini u okolici Prozora, zapadnoj Hercegovini, biokovsko-imotskom području, okolici Splita, Dalmatinskoj zagori. Od 1941. do 1945. četnici su na području današnje Republike Hrvatske ubili oko 20.000, a u BiH oko 12.000 Hrvata katolika i muslimana.

Vlada Nezavisne Države Hrvatske suočena s jugoslavensko-četničkom pobunom 17. travnja donosi Zakonsku odredbu za obranu naroda i države. Hrvatska vlast je bjelovarski masakr nad Hrvatima kaznila strijeljanjem 176 Srba iz bjelovarskoga kraja. U logore zatvara političke protivnike NDH, orjunaše, četnike, žandare bivše države i komuniste. U rujnu 1941. NDH je otvorila sabirni i radni logor u Jasenovcu, od kojega će velikosrpska i jugoslavenska propaganda poslije rata napraviti mit kako bi Hrvate proglasili genocidnim narodom nedostojnim samostalne države. Znanstvena istraživanja broja žrtava stradalih u Jasenovcu onemogućuju se sve do naših dana.

Suprotstavljajući se unitarističkoj jezičnoj politici Beograda vlada NDH zabranila je ćirilicu i ustrojila Hrvatski državni ured za jezik. Za valutu uvela je kunu. JAZU je preimenovana u HAZU. Njemačka i NDH u lipnju 1941. dogovorile su granicu između Hrvatske i Srbije na crti stare granice između Austro-Ugarske i Srbije, što je svojedobno bio hrvatski zahtjev Zagrebačkih punktacija.

Komunistička partija Jugoslavije sa svojih 8.000 članova – od kojih je pola gusaka iz Hrvatske - zatečena raskidom pakta Hitlera i Staljina, odlučuje se boriti protiv njemačkoga okupatora, koji je porazio jugoslavensku kraljevsku vojsku u rekordno kratkom roku. KPJ vodi Josip Broz, agent Kominterne. On je zauzeo deveto mjesto na rang listi najvećih ubojica u povijesti. Odgovoran je za više od milijun i 170.000 žrtava. Tito je samo 1942. u svoje jedinice primio više od 20.000 četnika.

Hrvatska država bila je podijeljena na tri zone. Prva je bila interesna zona Talijana. Predstavnici Srba sjeverne Dalmacije, Boško Desnica i drugi, održavali su veze s četnicima i zatražili priključenje Bukovice i Ravnih kotara talijanskoj zoni te poduprli namjeru Talijana da anektiraju Dalmaciju. Desnica je 1944. prešao u partizane, što je pri kraju Drugoga svjetskoga rata bila masovna pojava, dok je poslije rata oko 8.000 četnika završilo u Velikoj Britaniji.

Pobuna četnika i partizana protiv Nezavisne Države Hrvatske provodi se terorom koji u Bosanskom Grahovu i okolnim selima 27. srpnja prerasta u genocid nad Hrvatima. U obnovljenoj Jugoslaviji 27. srpnja slavio se kao „Dan antifašističkog ustanka naroda Bosne i Hercegovine". Partizanske postrojbe sastavljene uglavnom od Srba tijekom kolovoza i rujna spaljuju hrvatsko selo Boričevac i masakriraju hrvatsko i muslimansko stanovništvo Kulen Vakufa. Na području hrvatske države krajem 1941. djelovalo je oko 5.000 četnika, a krajem 1944. oko 20.000.

Njemačke vlasti u kolovozu 1941. na čelo Srbije postavljaju nacistima privrženoga srpskoga generala Milana Nedića, koji se zalagao za Veliku Srbiju. On je do rujna 1942. uništio 94 posto Židova u Srbiji. Nacisti su priznali Srbiji da je prva Judenfrei zemlja u Europi.

Tijekom Drugoga svjetskoga rata u Hrvatskoj djeluje partizanska vojska. Krajem 1944. imala je oko 120.000 boraca. Od toga je bilo 60 posto Hrvata i 28 posto Srba. U Glavnom štabu Hrvatske, međutim, bilo je 658 Hrvata i 633 Srbina. Hrvatski jezik je već u to doba marginaliziran. Vladimir Nazor, predsjednik ZAVNOH-a, zahtijeva 1944. da uredništvo TANJUG-a svoje biltene namijenjene hrvatskome području tiska hrvatskim jezikom i naglašava: „Vi ste u Biltenu zaveli jezik beogradske čaršije, vi ga namećete i pored toga što se nalazite na teritoriji države Hrvatske. Dok ste ovdje na našoj teritoriji, imate pisati hrvatski, a kad odete u Srbiju, pišite i govorite kako god želite".

Početkom rujna 1943. NDH raskida Rimske ugovore i proglašava pripojenje okupiranih dijelova Dalmacije i otoka, a krajem rujna ZAVNOH donosi odluku o pripojenju Istre Hrvatskoj i Jugoslaviji. Početkom travnja 1945. Glavni narodnooslobodilački odbor Vojvodine odlučio je Vojvodinu priključiti Srbiji, što je u kolovozu potvrdio AVNOJ. U proteklih sto godina Hrvatsku se teritorijalno cijepalo i u ratu i u miru. Taj proces traje i danas sumnjivim arbitražama i nerješavanjem otvorenih teritorijalnih pitanja sa Slovenijom, Srbijom, Crnom Gorom i Bosnom i Hercegovinom.

Titove jedinice ulaze u Dubrovnik u listopadu 1944. i odmah likvidiraju hrvatsku inteligenciju. Na Daksi je ubijeno 36 uglednih Dubrovčana. Likvidacije provode dojučerašnji četnici. Bio je to prvi masovni zločin jugoslavenskih komunista u Hrvatskoj.

Početkom 1945. partizanske jedinice čine zločine nad Hrvatima u Hercegovini. Do kraja svibnja ubijeno je 69 fratara Hercegovačke franjevačke provincije. Titove jedinice pod zapovjedništvom srpskih generala 8. svibnja 1945. ulaze u Zagreb. Vojska NDH i civilno stanovništvo zgroženo četničkim klanjima i komunističkim likvidacijama povlače se prema Austriji. Britanske vojne vlasti 15. svibnja na Bleiburgu isporučuju Titovim mesarima razoružanu hrvatsku vojsku i narod. Britanskom izdajom započinje nova etapa terora nad Hrvatima.

3. razdoblje od 1945. do 1990.

Godine 1945. u svibnju započeo je najveći pokolj Hrvata u njihovoj povijesti. Komunistički režim preuzeo je „jugoslavensku ideologiju", a Kraljevu diktaturu zamijenio revolucijom. U ime obnove i opstanka Jugoslavije bio je dopušten svaki zločin. Poslijeratni masovni zločini jugoslavenskih komunista s integriranim četništvom, od Bleiburga do križnih putova, vršeni su u ime opstanka Jugoslavije kao proširene Srbije. Milovan Đilas je izjavio: „Hrvatska vojska je morala biti pobijena, da bi mogla zaživjeti Jugoslavija". Jugoslavije, naime, nema, ako postoji hrvatska država. Revolucionarnim metodama zatirana je sama pomisao na hrvatsku državu. Kako Kraljevinu tako i komunističku Jugoslaviju Srbi su doživjeli kao proširenu Srbiju. Njihovi vodeći političari i provoditelji sustavne srbizacije bili su Milovan Đilas do 1954. i Aleksandar Ranković do 1966. Uloga Srba u komunističkoj Hrvatskoj bila je postati političkim narodom koji će u pokornosti držati Hrvate i državotvornu ideju.

Započinju likvidacije „narodnih neprijatelja" bez suda i evidencije. Pobijeno je više članova Vlade NDH negoli je u Nürnebergu na smrt osuđeno Hitlerovih nacističkih prvaka. Likvidirano je više od 600 katoličkih svećenika. Ulaskom partizana u Gospić ubijeno je 28 posto stanovnika, kako bi se etnički očistio put do Karlobaga, krajnje točke velike Srbije. U poraću je progonjeno, mučeno ili strijeljano više Hrvata negoli građana svih država sila Osovine zajedno. U obnovljenoj Jugoslaviji Hrvati su ostali bez pola teritorija Nezavisne države Hrvatske, pa i bez Boke kotorske i većeg dijela Srijema.

Diljem Slovenije i Hrvatske danas su poznata masovna stratišta. Godine 1945. sudbinu Dubrovnika prolaze i drugi gradovi obuhvaćeni završnim ratnim operacijama. Više je ljudi stradalo 1945. negoli 1941. U narodu i danas postoji izreka: Lako je bilo preživjeti rat, teško je bilo preživjeti „oslobođenje". Po završetku rata nastala su masovna stratišta nevinih žrtava kod Dravograda, Kočevskoga Roga, Maribora, Maclja, Varaždina...

Vlasti uvode totalitarizam. Desetkuju novinare, od 330 novinara ubijeno je 38, 131 novinar pobjegao je u inozemstvo, 45 je promijenilo profesiju, a licencu je dobilo samo 27 novinara. Zagrebački nadbiskup dr. Alojzije Stepinac osuđen je na 16 godina zatvora u kojemu ga truju. Uhićen je i u Beogradu ubijen visokopozicionirani Hrvat, komunist Andrija Hebrang, jer se zalagao za hrvatske interese. Za političke neistomišljenike u srpnju 1949. otvoren je koncentracijski logor Goli otok. Logor je radio do 1989.!, punih 40 godina.

Komunistički režim ubrzo izlazi s podatkom o ratnom gubitku od 1.700.000 stanovnika. Stvarni ratni gubici stanovništva kreću se oko 1.014.000. Srbijanska propaganda razliku je iskoristila za stvaranje mita o tome da je u Jasenovcu tijekom rata ubijeno između 700.000 do milijun Srba. Taj mit i danas pronose političari srpske nacionalne manjine u Hrvatskoj i srbijanska vanjska politika. Jasenovačkom mitu u Jugoslaviji prvi se suprotstavio dr. Franjo

Tuđman.

Hrvati u iseljeništvu pokreću političke organizacije s ciljem uspostave hrvatske države, a u Buenos Airesu pokrenuta je Hrvatska revija. Katolički bogoslovni fakultet isključen je iz sastava Sveučilišta u Zagrebu. Zbog Stepinčeva proglašenja kardinalom Jugoslavija je prekinula diplomatske odnose s Vatikanom.

Nastavlja se praksa srbizacije hrvatskoga jezika. Novosadskim dogovorom utvrđeno je 1954. da je književni jezik Hrvata, Srba i Crnogoraca jedinstven s jednakopravnim ijekavskim i ekavskim izgovorima i jednakopravnim latiničkim i ćirilskim pismima. Taj će dogovor propasti godine 1967. kad Hrvati usvajaju Deklaraciju o nazivu i položaju hrvatskoga književnoga jezika. Tito je osudio Deklaraciju. Autori, potpisnici i hrvatske ustanove iz kojih je potekla Deklaracija izvrgnuti su političkim pritiscima i udaljeni iz javnoga života.

Krajem šezdesetih godina totalitarni režim počinje uvoditi pojam „hrvatski nacionalizam" koji će poslužiti za etiketiranje i progon Hrvata. Srbi u Partiji 1970. optužuju hrvatske komuniste da dopuštaju širenje nacionalizma. Iduće godine zbog tekstova o gospodarskoj neravnopravnosti Hrvatske u SFRJ iz Partije su izbačeni Marko Veselica i Šime Đodan. Te, 1971. hrvatski emigranti u Švedskoj izvršili su atentat na jugoslavenskoga veleposlanika. Osuđeni su na doživotni zatvor. Tito popušta Srbima i traži od hrvatskih komunista odlučnu akciju protiv nacionalističkih i separatističkih tendencija u Hrvatskoj, napada Maticu hrvatsku i Savez studenata. SKJ kritizira komuniste iz Hrvatske, Savku Dapčević-Kučar, Peru Pirkera i Miku Tripala da potiču nacionalizam i šovinizam. Hrvatski sveučilištarci štrajkaju u znak potpore hrvatskomu rukovodstvu i zalažu se za političke promjene i gospodarsku ravnopravnost, kako bi devize koje Hrvati zarađuju ostale u Hrvatskoj. Policija uzvraća nasiljem i guši „hrvatsko proljeće". Smijenjeno je rukovodstvo u Hrvatskoj. Matica hrvatska je zabranjena. Stradavaju brojni istaknutiji Hrvati, među njima i budući hrvatski predsjednik dr. Franjo Tuđman, zatim Vlatko Pavletić, Hrvoje Šošić, Dražen Budiša, Vlado Gotovac i drugi. Otad do kraja osamdesetih godina u Hrvatskoj prevladava tzv. „hrvatska šutnja".

Hrvati i u tom razdoblju nastoje izaći iz Jugoslavije. U Kanadi osnivaju Hrvatsko narodno vijeće s ciljem oslobođenja Hrvata. Godine 1976. hrvatski emigranti u Americi otimaju zrakoplov sa zahtjevom da se u svjetskome tisku objave podatci o jugoslavenskoj represiji nad hrvatskim narodom. Zvonko

Bušić osuđen je u SAD-u na doživotni zatvor. Jugoslavenska udba ubila je 1978. Brunu Bušića, Tuđmanova suradnika i jednoga od politički najaktivnijih emigranta, zagovornika pomirbe hrvatske ljevice i desnice. Jugoslavenski režim od 1945. do 1990. u inozemstvu je likvidirao na najbrutalnije načine najmanje 67 Hrvata. Ne samo da je obnovljena Jugoslavija stvorena na zločinu, ona se bez represivnoga aparata nije mogla održavati. Za ubojstvo emigranta Stjepana Đurekovića suđenje se održalo tek u naše dane, ali u Njemačkoj.

Kompletan represivni, vojni, diplomatski i upravljački aparat jugokomunističke države temeljito je srbiziran. U hrvatske krajeve pod parolom „bratstva i jedinstva" naseljavaju se Srbi. Ponajviše kao milicajci i oficiri JNA, šefovi u državnoj upravi i javnim poslovima. Istodobno Hrvatima iz Hrvatske i BiH otvorena su vrata „privremenog rada u inozemstvu". Na zapad je otišlo oko milijun Hrvata. Time su se oslobađala radna mjesta za Srbe, koji su pak upravljali devizama iseljenih Hrvata.

U društvo je uvedena agresivna agitacija i propaganda, jednoumlje i marksistička ideologija. Seljaci su ostali bez zemlje i prisiljavani ući u radne zadruge ustrojene po uzoru na sovjetske kolhoze i sovhoze. Pojavljuje se dogovorna povijest. Ona uvjerava u laž o tome kako su pod komunističkim vodstvom divlja plemena ušla u neraskidivo jugoslavensko zajedništvo. Radnici su nazivani samoupravljačima. Tvrtke su bile „radne organizacije". Plaća – „lični dohodak". Jugoslavija se izvana održavala zapadnim kreditima i hrvatskim devizama, a iznutra represijom i jednoumljem.

Kad je 1980. Tito umro, bilo je jasno da će se Jugoslavija raspasti. Srbi se vraćaju Garašaninovu planu stvaranja velike Srbije, koji 1985. osuvremenjuju Memorandumom SANU u kojemu ističu lažnu tezu da su Srbi izvan svoje socijalističke republike ugroženi, stoga ih treba „osloboditi" i „prisajediniti" zajedno s tuđim teritorijima. Kako bi se od raspadajuće Jugoslavije stvorila velika Srbija upregnute su sve srbijanske političke, vjerske, intelektualne, medijske i vojne snage. U tom ozračju 1990. u Beogradu se raspao Savez komunista Jugoslavije, a od države je preostala samo temeljito srbizirana Jugoslavenska narodna armija. Iste godine u kolovozu dolazi do nove pobune Srba protiv tek uspostavljene Republike Hrvatske, prema istom scenariju kakav je proveden protiv uspostave Nezavisne Države Hrvatske i Banovine Hrvatske. Stari srbijanski plan širenja na zapad ne predviđa nikakvu hrvatsku državu.

4. razdoblje od 1990. do 2000.

1990. godina započela je ponovnom registracijom Matice hrvatske, ali i registracijom Srpskoga kulturnoga društva Zora s predsjednikom Jovanom Opačićem. On u srpnju srpski kulturno izjavljuje: „Dođe li do raskida jugoslavenske federacije, onda će integralna srpska država biti od Like i Korduna do Pirota, odnosno od Subotice do Dubrovnika".

Na prvim demokratskim izborima borbu vode HDZ s Tuđmanom na čelu koji se zalaže za hrvatsku državu, zatim Socijalistički savez i Savez komunista - zalažu se za ostanak u Jugoslaviji, te Koalicija narodnog sporazuma, koja se, kao nastavak 71'., zalaže za ugovorni savez Hrvatske s ostalim republikama. Komunistički prvak jugoslavenske orijentacije, Ivica Račan, naziva HDZ „strankom opasnih namjera", budući da jedina predviđa slobodnu hrvatsku državu. Komunističko predsjedništvo SR Hrvatske ocjenjuje kako je prvi sabor HDZ-a, održan u veljači 1990., „atak na demokraciju". Istodobno oko 50.000 Srba i Jugoslavena okuplja se početkom ožujka 1990. na Petrovoj Gori, kličući velikosrpskom vođi Slobodanu Miloševiću, ističući parole: „Ovo je Srbija!", „Ubit ćemo Tuđmana!" i „Nećemo podele". Pjevalo se: „Slobodane srpski sine, kad ćeš doći do Udbine".

Između dva izborna kruga srbizirana JNA bez stvarnoga otpora komunističke vlasti na odlasku oduzima oružje hrvatske Teritorijalne obrane. Hrvatska je po drugi put od 1918. temeljito razoružana. O tome Miloševićev najbliži suradnik Borisav Jović piše: „Praktično smo ih razoružali. Formalno, ovo je uradio načelnik Generalštaba, ali faktički po našem nalogu. Slovenci i Hrvati su oštro reagovali, ali nemaju kud". Hrvatskoj je onemogućena i legalna kupovina oružja za obranu u čemu se osobito istaknuo jugoslavenski diplomat Budimir Lončar. On će desetak godina kasnije postati savjetnikom Predsjednika Republike!

Osim u razoružanju odnos srbiziranih JNA i predsjedništva Jugoslavije prema demokratskim procesima u Hrvatskoj očituje se i u onemogućavanju hrvatske policije u pokušaju uspostave narušenoga mira i sigurnosti na pobunjenim područjima, u premještanju vojnika i časnika Hrvata, Slovenaca i Albanaca iz Hrvatske na teritorije drugih republika uz istodobno dovođenje jednonacionalnih (srpskih) vojničkih sastava u garnizone na području Hrvatske te u naoružavanju pobunjenih Srba u Hrvatskoj. Generalsku strukturu JNA činilo je 70 posto Srba i 30 posto ostalih. Od ukupnog broja aktivnih vojnih pripadnika JNA, Srba je bilo 54,43 posto, Hrvata 12,31. U takvim okolnostima vlast u Hrvatskoj po demokratskim izborima preuzima HDZ. 30. svibnja održana je prva sjednica Hrvatskoga sabora, koju su Srbi bojkotirali zbog insceniranoga slučaja Mlinar. Desetak idućih godina 30. svibnja slavio se kao Dan državnosti, sve do povratnoga, izvana poduprtoga, jugokomunističkog udara godine 2000.

Potpredsjednik Srpske demokratske stranke, Branko Marijanović izrazio je stajalište većine Srba u Hrvatskoj u govoru održanom u Smokoviću 16. lipnja 1990. Rekao je: „izbore dobijamo i nakon izbora, izbore koje smo za vrijeme izbora izgubili naknadno dobijamo jer narod sad vrši izbor između naše stranke i drugih stranaka. Umjesto petokrake sad su stavili neke kocke na sebe, to nisu komunisti nego kockari. Vi znate da smo mi... zaledili odnose sa Hrvatskim Saborom i sa svim kroatocentričnim strankama, uključujući i Račanov SKH SDP... Ako je Hrvatska naša domovina i Jugoslavija naša domovina i naša ljubav, a Kosovo naša narodna duša.... stvaramo svoju zajednicu općina".

Hrvatska demokratska vlast kontinuirano je pokušavala uspostaviti dogovor sa Srbima. Njihovu pobunu i protuustavno djelovanje unatoč tomu pokušavalo se velikosrpskom promidžbom opravdati lošim odnosom hrvatskih vlasti prema Srbima. Srpski političari u Hrvatskoj prihvatili su tezu, koja se bezbroj puta ponovila sve do naših dana, koju je formulirao ključan čovjek Beograda u Hrvatskoj: „Pojedinačne, grupne i masovne likvidacije Srba počele su već u prvoj polovici 1991. godine (prema nekima i ranije). Nedužni civili odvođeni su iz svojih domova, zajedničkih skloništa, s posla ili s ulice te ubijeni skončavali u rijekama i masovnim grobnicama". Godine 2013. hineći srpsku ugrozu i hrvatski fašizam zastupnik Milorad Pupovac u Hrvatski sabor došao je sa žutom trakom na kojoj je pisalo „Gost".

Protuustavno djelovanje s prekrajanjem teritorijalno-administrativnoga ustroja Hrvatske, međutim, započelo je još u lipnju 1990. kad u Kninu pobunjenici donose odluku o ustroju zajednice općina sjeverne Dalmacije. Protuustavne odluke usvajaju i Srbi u Donjem Lapcu, Obrovcu, Dvoru, Vojniću, Glini, Kostajnici, Gračacu i Benkovcu. Pobunjeni Srbi proglasili su „ništavnim za Srpski narod u Hrvatskoj sve Ustavne i zakonske promjene, koje negiraju njegov suverenitet kao naroda i umanjuju njegovo autonomno pravo" na „odcjepljenje" i „prisajedinjenje" Srbiji. Vodstvo pobunjenih Srba u Hrvatskoj i Beograd tvrdili su da se od Jugoslavije "odcjepljuju narodi, a ne države".

Poslije „zajednica općina" pobunjeni Srbi osnivali su protuustavne

„srpske autonomne oblasti" u Hrvatskoj: "SAO Krajina" (Knin, 21. prosinca 1990.), "SAO Zapadna Slavonija" (12. kolovoza 1991.) i "Srpska oblast Slavonija, Baranja i Zapadni Srem" (Beli Manastir, 25. rujna 1991.) s ciljem ujedinjenja „srpskih oblasti" s istima u Bosni i Hercegovini, napokon i sa srbijanskom državom. Poslije „srpskih autonomnih oblasti" utemeljena je i „Republika srpska Krajina".

Oružana pobuna Srba u Hrvatskoj počela je 17. kolovoza 1990., proglašenjem „ratnog stanja" i okupljanjima naoružanih terorista ispred policijskih postaja u Kninu, Benkovcu, Obrovcu, Gračacu, Titovoj Korenici, Dvoru na Uni i Donjem Lapcu. Zaposjednute su prometnice na kninskome području. Minirana je turistička sezona. Nešto kasnije u okupatorskoj Republici srpskoj Krajini 17. kolovoza postao je „državnim" praznikom, Danom ustanka srpskoga naroda. Navedeni nadnevak prihvatila je i Srbija u svojem zakonodavstvu.

Srbijanski oficir, vojni obavještajac Slobodan Lazarević svjedočeći u Haagu o „spontanom ustanku naroda" pojašnjava kako je predsjednik Srbije "Milošević imao (je) izaslanike u Krajini, koji su se starali za to da sve njegove želje budu ispunjene. Njegovi predstavnici su gotovo bez izuzetka bili agenti Službe državne bezbednosti – SDB (Srbije). Oni su se od početka nalazili u Krajini i navodno 'spontana' pobuna protiv hrvatskih vlasti 1990. organizovana je iz Beograda".

O čemu se u početku devedesetih godina radilo pojasnio je Borisav Jović: „se radi etnička karta srpskoga prostora, naročito u Bosni i Hercegovini i Hrvatskoj, da se jasno prikaže teritorija gde su Srbi u većini; od Šibenika, preko Like, Bosanske krajine, pored Save do Bijeljine svuda su Srbi u većini. U centru Bosne su Muslimani. Srbi presijecaju i Sandžak pored Drine, pa se Muslimani ne mogu ujediniti. To je budući prostor Srbije".

Glavni cilj srbijaniziranoga Predsjedništva Jugoslavije i vojnoga vrha JNA bio je rušenje demokratske izabrane vlasti u Hrvatskoj. toga je 9. siječnja 1991. Predsjedništvo SFRJ naredilo da se moraju "rasformirati svi oružani sastavi koji nisu u sastavu jedinstvenih oružanih snaga SFRJ ili organa unutrašnjih poslova i čija organizacija nije utvrđena u skladu sa saveznim propisima". Hrvatska je, naime, počela ustrojavati redarstvene, antiterorističke i specijalne policijske snage.

U Zagreb 28. veljače 1991. dolazi Britanac Douglas Hogg, drugi čovjek Foreign Officea i nudi predsjedniku Tuđmanu staru ideju koju su od 1918.

zagovarale hrvatske guske u magli, zatim Titovi komunisti, te sedamdesetprvaška Koalicija narodnoga sporazuma, na koju bi velikosrbi rado pristali, naime, „da sve republike proglase suverenost, ali da odmah potom paralelno uslijedi i dogovor o zajednici jugoslavenskih republika, za što bi osnovni interes bilo jedinstveno tržište te jedan glas u EZ-u". Dodao je kako mu je Milošević izjavio da je „rješenje ili jugoslavenska federacija ili Velika Srbija". Kod osamostaljenja Hrvatske od Jugoslavije ovu britansku tezu zagovarali su Račanovi komunisti, pa kad nije prihvaćena, izašli su iz Sabora i mentalno ostali u Jugoslaviji. Dok je Tuđman slušao te i takve projugoslavenske ideje i s njihovim zagovornicima razgovarao, stvarao je vojnu silu bez koje nema hrvatske države.

Kontraobavještajna služba JNA pod vodstvom srpskoga generala Aleksandra Vasiljevića diljem Hrvatske izvodi diverzije, uhićuje i sabotažama širi osjećaj nesigurnosti i potrebe za intervencijom JNA. Vodstvo pobunjenih Srba ne prihvaća razgovor na poziv legitimne vlasti. Već ranije Sabor su napustili članovi Srpske demokratske stranke, a krajem siječnja 1991. jedanaest zastupnika srpske nacionalnosti, birani na komunističkim listama SKH-SDP i Socijalističke partije, priopćilo je da napuštaju rad Sabora. Redom: Atlagić, Dušan Badža, Milorad Bekić, Stevan Cupać, Petar Džodan, Savan Grabundžija, Ilija Knežević, Branka Kuprešanin, Veljko Pjevac, Milivoj Vojnović i Jovan Vukobrat.

Pobunjeni Srbi provociraju u Pakracu, Plitvicama... a nakon intervencije hrvatskoga redarstva dolazi JNA s oklopnim jedinicama. Ginu prvi hrvatski redarstvenici. se razmjestila na crte koji su velikosrpski stratezi planirali kao granice nove srpske države. Utjecajan ratni huškač, predsjednik Srpskoga pokreta obnove, Vuk Drašković, 1991. dokazuje kontinuitet velikosrpske politike: „Optimalan program je (...) sjedinjenje svih srpskih zemalja u jednu državu. Jedan optimalan program mora računati i, na primjer, Skadar. (...) Ako je naše do Ogulina, ako je tako zapisano u 'Načertaniju', naš ideal će biti da u pogodnim historijskim okolnostima stignemo do Ogulina. (...) Sada je suludo i nezamislivo inzistirati na pripajanju Temišvara Srbiji, ali 1945. godine, da je pobijedio Draža Mihailović, mogli smo ga dobiti".

Vodstvo pobunjenih Srba iz Hrvatske i predstavnici Srba iz "Bosanske Krajine" 27. lipnja 1991. donijeli su "deklaraciju o ujedinjenju SAO Krajine i Zajednice opština Bosanska Krajina". Sadržaj deklaracije pokazuje kako je krajnji cilj obnovljene velikosrpske politike i srpske pobune u Hrvatskoj – izražen načelom "da svi Srbi žive u jednoj državi" – bilo "stvaranje jedinstvene države u kojoj će živjeti svi Srbi na Balkanu".

Od 2. svibnja do 2. kolovoza 1991., u napadima JNA i srpskih paravojnih postrojbi ubijeno je najmanje 170 hrvatskih branitelja, od toga 83 hrvatska policajca. Najviše hrvatskih policajaca poginulo je u istočnoj Slavoniji – 42, na Banovini – 23, u Lici – 6, zapadnoj Slavoniji – 5, Dalmaciji – 5. Srpska agresija na Hrvatsku, koja se otvoreno provodila od ljeta 1991., imala je za cilj presijecanje hrvatskoga teritorija i potom okupaciju Hrvatske ili barem onih dijelova hrvatskoga teritorija koje je velikosrpska politika željela pripojiti planiranoj jedinstvenoj velikoj srpskoj državi. Baranja je najvećim dijelom okupirana već u kolovozu 1991. prodorom Novosadskoga korpusa JNA iz Vojvodine (Jugoslavija, Srbija), a okupacija Slavonije planirana je usklađenim djelovanjem JNA iz Srbije i Bosne i Hercegovine u jesen 1991. Do kraja 1991. okupirani su dijelovi Slavonije, Dalmacije, Like, Banovine i Korduna. JNA je 1991. djelovala kao srbijanska vojska 1918.

Karakter rata protiv Hrvatske i ulogu JNA opisao je u *LeMondeu* . listopada 1991. francuski filozof i političar Alain Finkielkraut: "Hrvatska nije, kao što neki uporno ponavljaju, poprište građanskoga rata već vojne invazije. Mornarica, 'migovi', tenkovi i vatreno oružje u cijelosti su samo na jednoj strani, onoj 'federalne' armije. Neovisno o tome koliko je u njoj preostalo ideologije, ta armija nije federalna, već komunistička, a sačinjavaju je Srbi. Nije to borba protiv ponovnoga rađanja ustaškog fašizma, već protiv odluke koju su Hrvati donijeli na demokratski način da budu gospodari vlastite sudbine, da ne budu više podčinjeni neprijateljski raspoloženoj vladi, te da osnuju suverenu državu unutar europske zajednice. Nije to pokušaj zaštite srpske manjine u Hrvatskoj, već kažnjavanje Hrvata tretiranjem njihovih spomenika kao neprijateljskih i otimanjem teritorija u korist Srbije".

Tri dana kasnije zrakoplovi JNA bombardirali su Banske dvore s ciljem likvidacije predsjednika Tuđmana.

S područja koje su nadzirale srpske snage ubijeno je ili protjerano gotovo sve nesrpsko stanovništvo, čak i Srbi koji nisu podržali velikosrpsku politiku, a hrvatska je kulturna i crkvena baština opljačkana i razrušena. Ipak, Hrvatska 1991. nije poražena. Od mnogih napadanih hrvatskih gradova srbijanski agresor uspio je okupirati Knin i Petrinju, te razoriti Vukovar. U njemu je tijekom srbijanske agresije poginulo najmanje 1.739 osoba, većinom civila, a ranjeno je najmanje 2.500. Po okupaciji prognano je oko 22.000 Vukovaraca, više od 4.000 osoba iz hrvatskog Podunavlja nasilno je odvedeno na područje Srbije. Najmanje 2.796 zarobljenih osoba mučeno je i zlostavljano u logorima i zatvorima u Srbiji. Najmlađi zatočenik imao je 15 godina, a najstariji 81. Iz vukovarske bolnice odvedeno je i ubijeno na raznim stratištima najmanje 266 osoba. Od toga je 200 osoba, među kojima i 20 djelatnika vukovarske bolnice, ubijeno na poljoprivrednom dobru Ovčara. Iz masovne grobnice 1996. ekshumirano je 200 tijela u dobi od 16 do 72 godine. Ulicu Stjepana Radića srbijanski okupatori preimenovali su u Ulicu Puniše Račića, Radićeva ubojice.

Metode su to kojima se provodio Memorandum Srpske akademije znanosti i „umetnosti" i Garašaninovo Načertanije u kojem piše: "Temelj srpske politike jest da teži sebi priljubiti sve srpske zemlje koje ju okružuju, a ne da se ograničava na svoje sadašnje granice". Hrvatske guske i hrvatski komunisti nikad nisu shvatili da je srbijanska politika trajna i da je svako podilaženje njoj – izdaja Hrvatske.

Hrvatska se „vlastitim snagama uz pomoć Božju" oslobodila velikosrpske okupacije vojnom silom 1995. Zapovjednik 21. kordunskog korpusa tzv. "Srpske vojske Krajine", pukovnik Čedo Bulat, potpisao je predaju Hrvatskoj vojsci 8. kolovoza 1995.Za srpskom vojskom otišao je veliki dio Srba s oslobođenih područja. Samoegzodus Srba ponovio se i 1998. poslije mirne reintegracije Podunavlja. Zašto su otišli? Zato jer na hrvatskom teritoriju nisu ostvarili veliku Srbiju. Te, 1998. Hrvati su unatoč izloženosti osmogodišnjoj agresiji osvojili treće mjesto na Svjetskom nogometnom prvenstvu!

Vojni uspjesi Hrvatske protiv okupatora 1995. doveli su i do Daytonskog sporazuma. Ne samo da Sporazum, koji je uspostavio mir u Bosni i Hercegovini, nikad nije ratificiran u parlamentu BiH, već je i zajamčeno pravo svih izbjeglica i prognanika na povratak u svoje domove, posebice na području "Republike Srpske", u praksi ostalo neostvareno. Agencija za informiranje SAD-a stoga zaključuje: "U ožujku 1996. uputili smo Zagrebu analizu državne Agencije za informiranje SAD-a od prosinca 1995., koja upućuje na probleme Hrvata u BiH kojima se treba koristiti kao argumentacijom: 1) nemogućnost povratka 200.000 Hrvata na teritorij pod kontrolom ABiH; 2) posebno problem Bugojna; 3) međunarodna zajednica zanemaruje kršenje ljudskih prava i ratnog prava od strane ABiH, što koči zaživljavanje Federacije (najmanje osam masakra); 4) nemogućnost pristupa Hrvata sarajevskim medijima (*de facto* čivanje Hrvata iz politike i diplomacije u Vladi u Sarajevu); 5) tijesne veze Sarajeva i Teherana".

Američka Agencija je uočila da je nemogućnost povratka 200.000 Hrvata u srednju i sjeverozapadnu Bosnu važniji problem za Federaciju nego pitanje Mostara, gdje su Muslimani predstavljali 2% bošnjačkog stanovništva, dok spomenuti broj protjeranih Hrvata čini 25% ukupnog stanovništva u FBiH. Upozoreno je na to da je 42% bosanskih Hrvata pretrpjelo fizičke štete i ozljede, za razliku od 15% Bošnjaka i 13% Srba. Unatoč tome, u anketi Agencije, Hrvati su se pokazali najspremnijima oprostiti svojim neprijateljima i podržati zapadnu demokraciju.

Ne zaboravimo, godine 1918. BiH je „prisajedinjena" srpskoj Kraljevini kao sastavni dio države SHS. Daytonskim sporazumom 77 godina poslije BiH je podijeljena država s 2 entiteta i 3 konstitutivna naroda. Srpskom entitetu zahvaljujući agresiji pripalo je 49%, a Federaciji BiH 51% teritorija unatoč tomu što je srbijanska politika glavni krivac za izbijanje krvoprolića kako u monarhističkoj, tako i u komunističkoj Jugoslaviji.

Prema podatcima dr. Andrije Hebranga, ratnoga ministra zdravstva, na hrvatskoj strani tijekom srbijanske agresije ubijen je 6.891 hrvatski vojnik i 7.263 civila. Oko 47% ubijenih civila bilo je starije od 60 godina, a 44% bile su žene. Bez jednog je roditelja ostalo 4.285 djece, a bez oba 54. Ubijeno je više od 400 djece.

Na neokupiranom području ranjeno je 30.578 osoba, od toga čak 7.169 civila i 21.959 hrvatskih branitelja. Među ranjenim civilima je 1.044 djece. Od posljedica ranjavanja 188 djece ostalo je invalidima. Od ukupnoga broja poginulih civila više od 54 posto stradalo je u istočnoj Slavoniji, a više od 12 posto na području pod upravom snaga Ujedinjenih naroda.

Srbijanska agresija na Hrvatsku potpuno je uništila ili teško oštetila ukupno 1.313 sakralnih objekta: 265 župnih crkava, 306 ostalih crkava, 221 kapela, 252 župne kuće i dvorane, 80 samostana, 62 groblja i 127 križeva na otvorenom.

Dosad je otkriveno više od 150 masovnih grobnica s najmanje 3.995 žrtava i oko 1.200 pojedinačnih grobnica žrtava srbijanske agresije. U Hrvatskoj je uništeno ili oštećeno najmanje 195.000 stambenih jedinica, oko 120 gospodarskih objekata i 2.423 spomenika kulture. U prvoj godini srbijanske agresije stradalo je 590 naselja u 57 hrvatskih općina, od kojih je 35 do temelja uništeno, a 34 su pretrpjela teška oštećenja, među njima i veći gradovi. Samo izravne ratne štete procijenjene su od hrvatske vlade godine 1999. na iznos od 37,1 milijarda američkih dolara. Prema novijim istraživanjima, ukupna ratna šteta od 1991. do 2004. iznosi oko 142 milijarde dolara. Izravna ratna šteta iznosi 56,5, a neizravna oko 85,5 milijarda američkih dolara.

Hrvatska je zbog pretrpljene agresije do 2015. izgubila između 7,5 i 9 godišnjih bruto društvenih proizvoda prema BDP-u za 2004. Da bi se dosegle ukupne štete hrvatskoga naroda posljednje srbijanske agresije potrebno je dodati i štete Hrvata u BiH, koje su također ogromne. Od 1992. do kraja 1995. u Bosni i Hercegovini poginulo je i nestalo oko 9.900, dok je djedovinu u BiH pred napadima srpskih snaga ili Armije BiH moralo napustiti više od 400.000 Hrvata. Procjena je da se nakon rata najmanje pola protjeranih Hrvata nije vratilo u BiH.

Prihvaćen je opći zaključak: "Organizacije koje su se bavile prikupljanjem činjenica, kao UN, Ministarstvo vanjskih poslova SAD, CIA, Helsinki Watch i druge, jednoglasno su zaključile da su Srbi počinili 90 posto zločina u ovom balkanskom ratu i da su izvršili 100 posto genocida sukladno definiciji genocida koju je dao UN, naime, organizirano, planirano i sustavno uništavanje naroda u cjelini ili djelomično, temeljem etniciteta, religije ili drugog grupnog identiteta".

5. razdoblje od 2000. do 2018.

Predsjednik Tuđman unatoč vojnoj i diplomatskoj pobjedi pred kraj života bio je zabrinut za državu i naciju. Izjavio je: „Veličanstveno uskrsnuće hrvatske slobode i samostalnosti i velebne hrvatske olujne ratne pobjede žele obezvrijediti različiti smušenjaci i smutljivci, mutikaše i bezglavnici, jalnuški diletanti i jednostavno - prodane duše". Stoga je u Ustav ugradio članak 141., nazvan Tuđmanova tvrđava, kojim je onemogućeno legalno geganje u nove, prije svega jugoslavenske magle.

Vlast je 2000. preuzela kriptokomunistička koalicija projugoslavenske orijentacije na čelu s Račanom i Mesićem. Njihovim stopama nastavili su Sanader i Kosorova s Josipovićem. Hrvatskom je upravljala i Milanovićeva vlada, šesta najlošija vlada na svijetu, u kojoj su veliki broj ministarstava vodili Srbi, čak i potomci krvavoga Anđelinovića iz 1918. Plenković je izmislio i novi tip vlade – tzv. inkluzivnu vladu, do temelja ovisnu o Vučićevom Pupovcu.

U proteklih 18 godina promijenjeni su državni blagdani, ukinut je Županijski dom, Hrvatski državni sabor preimenovan je u Hrvatski sabor, ukinut je polupredsjednički sustav, za parcijalne ciljeve elita prilagođavan je i Ustav.

Uspostavljen je nakaradni izborni sustav u kojemu svi hrvatski državljani nisu ravnopravni. Iz političkoga života izbačeno je hrvatsko izvandomovinstvo, ubačene su manjine. Zapostavljeni su Hrvati u Bosni i Hercegovini. Proaktivna vanjska politika zamijenjena je pasivnom. Umjesto na međunarodnim sudištima, vlade su međudržavne probleme pristajale rješavati na sumnjivim arbitražama. Ponovo je privilegiran srpski element. Hrvatski branitelji višekratno su izdani. Više od 3.000 hrvatskih branitelja se ubilo. Narod i država su prezaduženi. K tome, Vinkovački Križevci i danas nose ime – Karađićevo!

Agresor je u kolovozu 1996. priznao poraz Sporazumom o normalizaciji odnosa, kojim je dogovoreno da će se sklopiti i Sporazum o naknadi za svu uništenu, oštećenu ili nestalu imovinu, što je uvod u plaćanje ratne odštete. U proteklih 18 godina nijedna vlada nije pristupila realizaciji Sporazuma o naknadi štete. Ustavni članak 141. nekoliko je puta grubo narušen. Vanjski dug enormno se penjao. Iseljavanje je svakodnevna pojava. Demografski slom prijeti izumiranjem hrvatskoga naroda. Hrvatska je sto godina od „prisajedinjenja" na gospodarskom začelju Europske unije, ponajviše zbog pristajanja političkih elita na novo balkansko pozicioniranje države s rehabilitacijom jugoslavenstva i četništva.

Srbijanska agresija preimenovana je u građanski rat. Antifašizam je postao vrhovna vrjednota. Zastupnik SDP-a, Nenad Stazić, napisao je 2018.: „Izgleda da u svibnju 1945. posao nije obavljen temeljito. Kakva šlampavost pobjednika". Sabotirana su istraživanja o masovnim poratnim zločinima komunista i četnika. I dalje se promoviraju jugoslavenski i velikosrpski mitovi. Četnici su postali antifašistima u Srbiji, a u Hrvatskoj saborski zastupnici, poput ministra okupatorske vlade RSK, Vojislava Stanimirovića. Hrvatske guske obnavljaju spomenike četničkom ustanku iz 1941. Velik dio poslova jugoslavenske udbe preuzele su tzv. vladine organizacije na državnom proračunu. Suspendiraju se policajci koji istražuju srpske zločine, kao onaj na Ovčari. Uhićuju se i sude protivnici ćirilizacije Vukovara. Marginalizirani su Srbi branitelji Hrvatske. Dan pobjede i domovinske zahvalnosti, Srbija s predstavnicima iz Hrvatske obilježava kao Dan sjećanja na stradale i prognane Srbe.

Srpski intelektualac iz britanske kuhinje, Dejan Jović, profesor na hrvatskoj plaći i Pupovčev suradnik, smatra kako je referendum o hrvatskoj neovisnosti bio „vrlo neliberalan" te da nije održan u slobodnim i poštenim okolnostima. Kasnije u svojoj knjizi laže da je „mit o Domovinskom ratu" (Hrvata protiv srbijanske agresije), prijetnja slobodi u Hrvatskoj, osobito za pripadnike manjina.

Hrvatska je izložena medijskome teroru integralnoga jugoslavenstva. Uspostavljen je jugohranidbeni lanac u kojemu istaknute uloge igraju: Tomislav Jakić, Mirko Galić, Igor Mandić, Jelena Lovrić, Gojko Marinković, Inoslav Bešker, Goran Radman, Drago Hedl, Boris Dežulović, Ante Tomić, Miljenko Jergović, pokojna Jasna Babić, Slavenka Drakulić, Mirjana Rakić, Saša Leković, Zoran Šprajc, Jurica Pavičić, Aleksandar Stanković, Branimir Pofuk, Boris Pavelić, Drago Pilsel, Mladen Pleše, Branko Mijić, Matija Babić, Ladislav Tomičić, Tomislav Klauški, Žarko Puhovski...

Nastavljena je praksa „dogovorne povijesti". Nju zagovaraju povjesničari Hrvoje Klasić, Tvrtko Jakovina i Dragan Markovina. Nastavljeno je teroriziranje hrvatskoga jezika sve do donošenja protuustavne Deklaracije o zajedničkom jeziku 2017. Civilnim društvom vladaju dokazani jugoslaveni, financirani izvana i iz hrvatskoga proračuna, umrežujući se u „jugosferu". Najpoznatiji su Zoran Pusić, Rada Borić, Vesna Teršelić, Dragan Zelić...

U takvim okolnostima, političari srpske nacionalne manjine ne prihvaćaju status manjine. Srbobran s početka prošloga stoljeća preimenovan je u Novosti, a uređivan kao da su Srbi vlasnici Hrvatske. Taj protuhrvatski list izlazi usred Zagreba. Iako je izdašno financiran hrvatskim proračunom, kontinuirano vrijeđa Hrvate i hrvatsku državu, obezvrjeđuje hrvatske ustanove i nasrće na hrvatski identitet. Nakladnik je privilegirano Srpsko narodno vijeće na čelu s neizostavnim Miloradom Pupovcem. On već nekoliko mandata nastavlja posao koji je započeo Nikola Stojanović i Svetozar Pribićević, nastavio Aleksandar Ranković, potom Dušan Dragosavac, pa Jovan Rašković. Postao je najmoćnijim arbitrom u državi, premda na izborima osvaja minoran broj glasova. Hrvatski pak političari vodećih stranaka sve više nalikuju onima iz Jugoslavenskoga odbora i Narodnoga vijeća, koji su prije sto godina hrvatski narod i teritorij uveli u zajednicu sa Srbijom iz koje je hrvatski narod izašao desetkovan, opljačkan i teritorijalno prepolovljen.

Hrvatski narod treba se zapitati kamo su ga doveli političari: Ivo Sanader, Stjepan Mesić, Ivo Josipović, Jadranka Kosor, Zoran Milanović, Andrej Plenković, Zlatko Tomčić, Vladimir Šeks, Luka Bebić, Boris Šprem, Josip Leko, Željko Reiner... Kako su Hrvatsku pozicionirali ministri vanjskih poslova poput Vesne Pusić – koja Hrvatsku optužuje za nepostojeću agresiju, ili veleposlanici poput Ive Goldsteina, koji je u Parizu Hrvatsku predstavljao s fotografijom komunističkoga zločinca Josipa Broza Tita?

Posljednji jugoslavenski Dan republike proslavljen je u Haagu 29. studenoga 2017. osuđujućom presudom protiv skupine Hrvata iz BiH, kojom se Hrvatska proglašava agresorom na BiH. General Slobodan Praljak oduzeo si je život u sudnici uz krik: „S prijezirom odbacujem vašu presudu".

Kao da nije dovoljno što su rehabilitirane velikosrpska i jugoslavenska ideologija, Plenkovićeva vlada 2018. nametnula je i rodnu ideologiju ratifikacijom Istanbulske konvencije. Povrh svega, Srbija i SPC u Bačkoj Palanci 4. kolovoza 2018. u nazočnosti Milorada Pupovca usporedile su Hrvatsku s Hitlerovom Njemačkom, gradeći novi mit o Oluji kao pogromu Srba.

Unatoč sustavnom djelovanju hrvatske pete kolone ugrađene u duboku državu – Hrvatska je u nogometu 2018. osvojila drugo mjesto na svijetu i pokazala odnarođenim političkim elitama da je globalni subjekt, a ne balkanski objekt. Uspjeh nije spriječila višegodišnja proizvodnja protuhrvatske histerije Zorana Stevanovića iz Rijeke, profesionalnoga nogometnog doušnika. Njemu uz bok ide i riječki mu sugrađanin Željko Jovanović. Kao ministar hrvatske vlade šutke je promatrao paljenje hrvatske zastave na stadionu u Beogradu. On je s ministarske pozicije izveo niz diverzija na području znanosti, obrazovanja i športa. Sve njegove „reforme" srušile su pravosudne ustanove. Za vrijeme ministra Ranka Ostojića na stadionu u Splitu osvanuo je kukasti križ. Poniženjima treba dodati da su državni službenici morali u šetnju izvoditi psa ministrice Milanke Opačić.

Istodobno u Srbiji legalno djeluje vlada RSK u izbjeglištvu, ulice nose imena po istaknutim ubojicama Hrvata, četnicima, agresorima i slugama velikosrpske politike u Hrvatskoj. Četnici postaju predsjednici. Srbija i SPC jedini u svijetu protive se kanonizaciji bl. Alojzija Stepinca. Srbijanska državna politika, kao i Srpska pravoslavna crkva i u 21. stoljeću Hrvatsku smatraju privremeno izgubljenom srpskom zemljom, koju u pogodnom trenutku treba „osloboditi" i „prisajediniti". U tom poslu odlično joj pomaže hrvatska peta kolona jugoslavenskih gusaka i velikosrpskih i komunističkih zmija.

Hrvatski narod mora u svojoj državi poraziti jugoslavensku, velikosrpsku i komunističku ideologiju. Od te pobjede ili poraza ovisi hoće li kraj 21. stoljeća dočekati kao slobodan i suveren politički narod ili će nestati iz povijesti. Srbija prema Hrvatskoj 2018. ima ista politička polazišta kao i godine 1918.

Nova proizvodnja duše i mozga Beograda

Hrvatska je propustila prigodu ući u puninu demokratskoga društva, među ostalim, i zbog nedonošenja dvaju zakona o lustraciji i donošenja velikog broja za državu i naciju štetnih zakona i zakonskih rupa. Trebalo je, danas je to jasno i okorjelim skepticima, donijeti zakon o lustraciji komunističkih ostataka. I trebalo je donijeti zakon o lustraciji velikosrpskih ostataka.

Uspješno suočavanje s prošlošću jednoga mita

U izdanju Glasa Koncila ovih je dana izišao novi naslov Tomislava Vukovića „Kako je nastao mit" (o 20.101 ubijenom djetetu u jasenovačkome logoru). Vuković kontinuirano nagriza sustav mitova zidan tijekom jugokomunističkoga režima, snažno eksploatiran tijekom pripreme velikosrpske agresije i podrivački održavan do današnjih dana.

Njegova prethodna knjiga izišla kod istoga nakladnika, „Drugačija povijest" (Zagreb, 2012.), nije prošla nezapaženo premda su je vodeći mediji prešutjeli. U njoj su skupljeni podlisci objavljivani u Glasu Koncila o temama koje nelustrirani ostatci totalitarnoga režima, krinkajući se „antifašizmom", drže obvezujućom objavom. „Kako je nastao mit" nastavak je Vukovićeva novinskoga istraživačkoga rada po kojemu je postao prepoznatljiv katoličkoj i široj javnosti.

Teme koje Vuković stavlja u fokus mitovi su na kojima je zidana Jugoslavija i pod kojima je stenjala Hrvatska. Riječ je o mitovima kojima se hranila velikosrpska agresija na Hrvatsku agitpropovski uvjeravajući sve oko sebe i u sebi da je riječ o istini. Suvremena hrvatska politika, kako ona stranačka tako i medijska, nije se prihvatila sustavne i argumentirane dekonstrukcije iz totalitarizma naslijeđenih mitova. Naprotiv, dopustila je stvaranje novih koji izravno nagrizaju temelje moderne hrvatske države. Zato je ovaj publicistički naslov, osnažen prilozima i kritičkim aparatom, važan prinos osvjetljavanju istine i dekonstrukciji ideološki motiviranih krivotvorina. Neka nas ne zavara činjenica što će knjigu vodeći mediji naširoko zaobići. To je u našim okolnostima zapravo pouzdan znak da je naslov vrijedan pozornosti, jer razotkriva sustav krivotvorina u službi komunističkoga antifašizma i velikosrpske mržnje.

Strukturu knjige čine četiri poglavlja: Manipulacije s brojem žrtava, Kako je moguće falsificirati popise žrtava i njihov broj višestruko umnožiti, Manipuliranje podacima o djeci u logoru i Bezuspješno traženje masovnih grobnica. Svako poglavlje donosi niz zanimljivih međunaslova. Rukopis je recenzirao dr. Vladimir Geiger. Iz recenzije saznajemo kako se broj „ubijene djece" mijenja od autora do autora i doseže 29.000. Međutim, „Vuković se je potrudio pregledno i jasno donijeti sve najvažnije obavijesti i objašnjenja nezaobilazna u razumijevanju nakana popisivača i poimeničnih popisa, a i načina manipuliranja popisima jasenovačkih žrtava... tekstom i prilozima popunjava važne nepoznanice u razumijevanju nezaobilaznih pitanja suvremene povijesti, naime broja jasenovačkih žrtava...".

U Uvodu Ivan Miklenić ističe kako knjiga „ulazi tek u jedan segment nevjerojatno golemoga sustavno širenoga i dograđivanoga mita o jasenovačkom logoru", te da je ona „važan doprinos da se prosječni čitatelj, a osobito intelektualac ili povjesničar, suoči s činjenicom da su stradanja u jasenovačkom logoru poslužila i kao temelj za stvaranje mita koji više nema gotovo ništa zajedničkoga s povijesnom istinom".

U predgovoru autor ističe da se knjiga mogla nadopuniti poglavljem „Kako se održava mit" budući da su „u dodatku objavljena tri teksta, koji pokazuju šokantno i gotovo nevjerojatno krajnje neznanstveno i manipulatorsko nastojanje djelatnika JUSP-a Jasenovac da grčevito obrane neobranjivo - spomenutu brojku ubijene djece".

U Dodatku knjizi objavljen je (za rušenja i razumijevanje jasenovačkoga mita jedan od kapitalnih novinskih tekstova novijega doba) tekst dr. Stjepana Razuma „Obavješćujem hrvatsku javnost da sam otkrio veliku prijevaru u Jasenovcu" prethodno objavljen u Hrvatskom tjedniku od 11. lipnja 2015., zatim odgovor na taj tekst odgovorne osobe Javne ustanove spomen područja Jasenovac (intervju Zdenko Ćorić, Baza podataka sadrži iste žrtve kao i prije 1. lipnja, H. tjednik, 2. srpnja 2015.) i reagiranje dr. Razuma na tvrdnje iznesene u intervjuu (Tvrtka Utilis pokušava smicalicama prekriti jasenovačku prijevaru, H. tjednik 2. srpnja 2015.).

Jedan od najdojmljivijih dijelova knjige odnosi se, ispričavam se zbog subjektivnosti, na međunaslov „Četnici i 'domaća popularna kultura'". Vjerojatno sam tekst po drugi put pročitao, no, ipak me je svojom svježinom iznova osvojio. Svježina se odnosi na činjenicu da se najmanje jednom godišnje u Jasenovcu službeni predstavnici Hrvatske klanjaju četnicima. Naime, kaj. Vuković je došao do podataka o tome kako su u borbi s ustašama „u velikoj bitki na Lijevče Polju nedaleko od Banje Luke od 30. ožujka do 8. travnja 1945." čedeki dobili po labrnji, onak', temeljito. Zato što je bilo baš tako kako je bilo, poštovani čitatelji, o toj borbi niste učili u školi, niti vas mediji o tome svake godine 8. travnja podsjete, onako kako to rade kad je u pitanju tzv. „ustanak" u Srbu.

„Đeneral" Draža, međutim, bio je iskren: „Ljevče Polje postalo je najtragičnije srpsko stratište...". Ukratko, dečki su u borbi potukli čedeke (partizanija je vjerojatno bila u šumi i čekala odlazak četnika u partizane i dolazak „Crvene armije"). Zarobili su „oko 1.500 četnika sa zapovjednikom 'vojvodom' Pavlom Đurišićem i njegovim oficirskim zborom, koji su, najvjerojatnije, dijelom odvedeni i pobijeni u logoru Stara Gradiška, a drugi dio u jasenovačkom logoru".

Vojvoda Đurišić pronašao se na „Poimeničnom popisu žrtava koncentracijskog logora Jasenovac" (str. 444) sa sljedećim podatcima: „Đurišić Pavle, 1907 – 1945, Titograd, Crnogorac, ubijen od ustaša 1945., u logoru Jasenovac, na neutvrđenom mjestu". Ne samo on! Tu su i drugi koljači, „komandanti": Major Petar Baćović, major Luka Baletić, pukovnik Zaharije Ostojić, major Dragiša Vasić. Na internetskom popisu, bilježi pedantan Vuković, nabrojani su još i zapovjednik četničkoga Letećega odjeljenja Miloš Dujović, kapetan žandarmerije Petar Drašković, zapovjednik Jurišnoga četničkoga odreda Andrija Drašković, kapetan Gajo Radović. Nije navedeno koliko je „običnih" jurišnih, letećih i žandarmerijskih čedeka od 1.500 zarobljenih završilo u Jasenovcu poslije poraza na Lijevče Polju. I, u čemu je štiklec?

U tome da i četnike u Jasenovcu službena Hrvatska dan danas komemorira! I to je najbolja ilustracija suvremene, nelustrirane i djelomično četnicizirane Hrvatske. Povijest se ponavlja. Ne postoji, naime, registar četnika zarobljenih u Jasenovcu 1945., a niti registar četnika sudionika velikosrpske agresije na Hrvatsku iz 1991-1998. Stoga, jer je nelustrirana Partija i danas u tihoj koaliciji s nelustriranim četničkim pokretom, tu i tamo će se nastaviti s održavanjem mita i o „ubijenoj djeci", kojega je Vuković na 160 stranica razmontirao na sastavne dijelove. Njegova knjiga je, među ostalim, odlično nastavno pomagalo učiteljima i nastavnicima povijesti osnovnih i srednjih škola, a to, nažalost, znači i većini političke elite u Hrvatskoj. Premda nas je argumentirano „suočila s prošlošću" mita o „ubijenoj djeci" ne vjerujem da će ući u preporučenu literaturu „kurikularne reforme".

(hkv.hr, 1. ožujka 2016.)

Skica za tužbu protiv nakladnika publikacije Govor mržnje i nasilje prema Srbima u 2015.

U izdanju Srpskog narodnog vijeća (SNV) i Vijeća srpske nacionalne manjine Grada Zagreba (VSNMGZ) izišla je i u ožujku 2016. u javnost poslana dvojezična publikacija pod naslovom GOVOR MRŽNJE I NASILJE PREMA SRBIMA U 2015. Publikacija je tiskana u 600 primjeraka. Dostupna je i na Internetu. Autor publikacije nije naveden. Publikaciju je uredio Saša Milošević, novinar i diplomat, zamjenik predsjednika udruge SNV, Milorada Pupovca, i član predsjedništva SNV-a.

Publikacija, kako ističu nakladnici, „donosi pregled slučajeva etnički motiviranog nasilja, prijetnji i govora mržnje usmjerenih protiv Srba u Hrvatskoj u prethodnoj godini". Riječ je o 189 slučajeva „koje su po prijavama pojedinaca i informacijama objavljenim u medijima prikupili SNV i Klub zastupnika SDSS-a".

Nakladnici su prikupljene slučajeve SNV-a i Kluba zastupnika SDSS-a razvrstali u pet tematskih cjelina. Prva cjelina nosi naslov: „Elementi govora mržnje ili širenja etničke netrpeljivosti u javnom prostoru". Prva cjelina publikacije podijeljena je u više međunaslova (manjih cjelina). Jedna od njih nosi naslov „1.3. Mediji", koja na str. 14 internetskog izdanja objavljenog u pdf formatu, započinje s podnaslovom „1.3.1. Elektronski mediji".

U tom dijelu publikacije koja „donosi pregled slučajeva etnički motiviranog nasilja, prijetnji i govora mržnje usmjerenih protiv Srba u Hrvatskoj u prethodnoj godini" na str. 16 objavljen je sljedeći navod kao element govora mržnje ili širenja etničke netrpeljivosti u javnom prostoru:

Događaji organizirani povodom godišnjice Oluje inspirirali su autore čiji su tekstovi objavljeni na portalu Hrvatskog kulturnog vijeća, Hkv.hr. "Ovogodišnji protuolujni incidenti u režiji Pupovca, Terševičke, Džakule i Frljića nisu samo nasrtaji na Oluju i ono što ona simbolizira, već i na međunarodno kazneno pravo. Stoga se diverzantske akcije alternativne i samozvane 'proslave', obilježene 'interaktivnom prezentacijom', okupljanjem u Pješčanici (op. a. – selo u Općini Vrginmost u kojem je 2. avgusta održano komemorativno okupljanje u spomen na ubijene i nestale civile u Oluji) i na Trgu bana Jelačića, te zloupotrebom HNK u Rijeci, organiziranih na temelju beogradskog Dana sećanja na žrtve Oluje, može svesti pod podrivanje države, njezina ustavnopravnoga položaja i ometanje javnoga reda i mira. To su protuzakonite radnje koje spadaju u isti red s poljudskim ukazanjem kukastoga križa i zadarskim napadom na Hrvatski tjednik. One čak i u Bosni i Hercegovini spadaju u područje s one strane zakona, kojim se u svakoj normalnoj državi bavi represivni, pravosudni i zatvorski sustavi", navodi se u tekstu Nenada Piskača, koji je na tom portalu objavljen 4. avgusta. (kraj navoda).

Zgoljno je podmetanje da gornji navod predstavlja mržnju, prijetnju, nasilje ili širenje etničke netrpeljivosti.

Riječ je o manjem dijelu mojega teksta objavljenoga 4. kolovoza 2015. pod nadnaslovom RAT PROTIV OLUJE ZAVRJEĐUJE POSTUPANJE REPRESIVNOGA APARATA i naslovom PODRIVANJE TEMELJA HRVATSKE DRŽAVE NEKAŽNJIVO JE I ISPLATIVO te međunaslovom PODRUČJE REPRESIVNOGA I PRAVOSUDNOGA APARATA. Cjeloviti tekst dostupan je na portalu hkv.hr.

Iz dosad navedenoga vidljivo je da je moj tekst objavljen na portalu Hrvatskoga kulturnoga vijeća:

1. predmet prijave anonimnih pojedinaca

2. da je prijava anonimnih pojedinaca proslijeđena Srpskom narodnom vijeću i Klubu zastupnika SDSS-a, umjesto mjerodavnim ustanovama Republike Hrvatske

3. da je moj tekst podvrgnut skupnoj „analizi" SNV-a i Kluba zastupnika SDSS-a, dakle, jedne udruge građana i tročlanog dijela Hrvatskog sabora

4. da je bez mojega znanja otisnut jedan dio teksta izvučen iz konteksta s prijevodom na engleski u svrhu međunarodnog denunciranja autora i elektroničkog medija

5. da je tekst etiketiran i kao „prijetnja" i kao „širenje etničke netrpeljivosti", te sortiran među 189 navodnih slučajeva govora mržnje i nasilja prema Srbima u 2015.

6. da je izdvojeni fragment nedvojbeno objavljen u spornoj publikaciji i na Internetu.

Ukratko, moj je tekst osvanuo na potjernici za lov na glave. Kako autor potjernice nije naveden u impresumu, odgovornima za posljedice smatram nakladnike publikacije.

Na osnovi cjelovitog mi teksta i otisnutog fragmenta, te konteksta u koji su stavljeni tekst, fragment, autor i elektronički medij, nedvojbeno proizlazi:

1. da nakladnici publikacije smatraju kako rat protiv Oluje ne zavrjeđuje postupanje represivnoga aparata, te da podrivanje temelja hrvatske države treba ostati nekažnjivo i isplativo, a onaj tko u javnom prostoru misli suprotno automatski zavrjeđuje etiketu - etnički motivirani govor mržnje, prisila i nasilje prema Srbima u Hrvatskoj, odnosno - širenje etničke netrpeljivosti u javnom prostoru.

2. da nakladnici publikacije smatraju kako prošlogodišnji protuolujni incidenti u režiji Pupovca, Teršeličke, Džakule i Frljića, nadahnuti „Danom sećanja na žrtve Oluje" (službeno proglašenim u susjednoj državi), nisu nasrtaji na vojno redarstvenu operaciju Oluja i međunarodno kazneno pravo koje je oslobodilo Oluju od bilo kakve ljage, pa i od neutemeljene optužbe za zajednički zločinački pothvat protjerivanja Srba iz Hrvatske, a onaj tko tako ne piše u javnom prostoru automatski podliježe međunarodnoj osudi u ime naroda SNV-a i VSNMGZ za govor mržnje, prisilu i nasilje prema Srbima u Hrvatskoj, odnosno - širenje etničke netrpeljivosti u javnom prostoru.

3. da nakladnici publikacije smatraju kako se represivni, pravosudni i zatvorski sustavi Republike Hrvatske ne smiju baviti počiniteljima nedjela podrivanja države, njezina ustavnopravnoga položaja i ometanja javnoga reda i mira onako kako to rade sve druge demokratske i uređene države, a onaj tko misli i djeluje suprotno automatski je kriv i bez pravomoćne presude za govor mržnje, prisilu i nasilje prema Srbima u Hrvatskoj, odnosno - širenje etničke netrpeljivosti u javnom prostoru.

Stajališta nakladnika, kako proizlazi, s one su strane zdrave pameti, no, to ih ne oslobađa odgovornosti. Nakladnici su, dakle, izdvojeni fragment iz mojega teksta jednostranački, jednoetnički, jednoumno spakirali, totalitarno etiketirali, bez dopuštenja preveli, zlonamjerno objavili, međunarodno plasirali i interpretirali kao:

a) govor mržnje prema Srbima u Hrvatskoj

b) prijetnja i nasilje prema Srbima u Hrvatskoj

c) širenje etničke netrpeljivosti

Istina je, međutim, da se u tekstu zalažem za djelovanje pravne države i u navedenom fragmentu ne spominjem „Srbe u Hrvatskoj", niti išta što bi se moglo svesti pod govor mržnje, prijetnje, nasilje ili širenje etničke netrpeljivosti. Naprotiv, ukazujem na govor mržnje, prijetnje, nasilje i širenje etničke netrpeljivosti u javnom prostoru Republike Hrvatske i šire u susjedstvu.

Nakladnici, SNV i VSNMGZ, objavljenom publikacijom obmanuli su domaću i svjetsku javnost. Oni su oklevetali i nanijeli neprocjenjivu štetu autoru teksta i mediju koji je tekst objavio. Nedvojbeno je, naime, da zbog navedenoga teksta autor N. Piskač, a niti elektronički medij, hkv.hr, nisu prekršajno ili kazneno prijavljeni, protiv njih se zbog navedenoga teksta ili nekog njegovoga dijela ne vodi spor i nitko tijekom proteklih osam mjeseci nije demantirao tekst u cjelini ili njegov dio.

Autor s pravom drži, da je u njegovom slučaju riječ o etnički, jednostranački, jednoetnički i totalitarno motiviranom napadu SNV-a i VSNMGZ-a na njegov osobni integritet, njegovu hrvatsku narodnost, ljudsko, profesionalno i braniteljsko dostojanstvo, čast i ugled, koje uživa kao Hrvat, hrvatski državljanin, kolumnist, književnik i hrvatski branitelj, kao i napad na ugled i vjerodostojnost elektroničkog medija u kojemu godinama objavljuje. Štoviše, da je riječ o perfidnom govoru mržnje, suptilnoj prijetnji i nedvojbenom nasilju, što u konačnici predstavlja napad narečenih nakladnika i, djelomično, stranke SDSS, na slobodu govora i mišljenja zajamčenih Ustavom Republike Hrvatske, a sve zbog toga kako bi se spornom publikacijom u domaćoj i inozemnoj javnosti stvorio lažni dojam o ugroženosti Srba u Hrvatskoj, te tako nanijela šteta međunarodnom ugledu Republike Hrvatske, što je po mom mišljenju krajnji cilj publikacije. Mit o ugroženosti Srba u Hrvatskoj hrvatska je historiografija znanstveno obradila, pa ga ovdje nije potrebno dodatno obrazlagati, ali će radovi hrvatskih povjesnika o toj temi dobro doći u dokaznom postupku.

Oklevetani autor izražava solidarnost s drugim osobama, počevši od predsjednice Republike Hrvatske, gospođe Kolinde Grabar-Kitarović, koje su se, kao i on, zlonamjerno, specijalnoratovskim metodama pronašle u spornoj publikaciji SNV-a i VSNMGZ. Pozivam oklevetane kolege novinare da se okupimo oko zajedničke tužbe i paralelno predlažem im i privatnu tužbu. Bez sudbenoga pravorijeka, ova će se praksa nastaviti.

Stoga obavještavam javnost da je ovaj tekst skica za privatnu tužbu protiv nakladnika. Prema meni je izvršeno jednoetnički, jednostranački, politički i etno-trgovački motivirano nasilje. Moj tekst je iskorišten za protuhrvatsko djelovanje. Kako oklevetani autor nema znanja i vještine potrebne za vođenje sudbenoga procesa, ovim putem poziva odvjetnike, doma i u izvandomovinstvu, bez obzira na njihovu nacionalnost, da mu se jave ako žele pro bono voditi sudbeni proces. Pro bono zato što autor (zajedno s medijem u kojem objavljuje) nije poput SNV-a, VSNMGZ-a i SDSS-a na izdašnoj proračunskoj skrbi.

Bez obzira na najavljenu privatnu i eventualnu zajedničku tužbu, tuzemno i inozemno oklevetani autor poziva mjerodavne državne službe da izađu iz puževe kućice i da se po službenoj dužnosti, bez straha od bilo koga, prihvate posla otkrivanja i procesuiranja protuhrvatskog djelovanja, osobito onoga financiranoga hrvatskim novcima. GOVOR MRŽNJE I NASILJE PREMA SRBIMA U 2015. radikalan je primjer širenja etničke netrpeljivosti. Čudi me da je to promaklo uredničkom oku Saše Miloševića.

(hkv.hr, 10. ožujka 2016.)

Pupovčev raport Beogradu vrvi netočnostima

I dok u Srbiji ne prestaje protuhrvatska kampanja još od osamdesetih godina prošloga stoljeća, najpoznatiji etnobiznismen „na ovim prostorima" po srbijanskim medijima uznemirava srpsku javnost izmišljotinom da se Hrvatska vratila u devedesete. Bilo bi odlično da je istina! Hrvatska je za razliku od devedesetih članica NATO i EU. Ona je za razliku od devedesetih postala prezadužena država iz koje Hrvati iseljavaju i kojoj EU nameće tzv. migrantsku kvotu. Devedesetih je Hrvatska bila regionalna sila. Danas je mentalno „dio prostora bivše Jugoslavije" u kojoj je Pupovac postao povlaštenim arbitrom. Od 3. siječnja 2000. politikama povratnoga komunističkoga vala i izdajom nacionalne politike pretvorena je od subjekta u objekt. Umjesto ponosa iz devedesetih instaliran je jad i očaj.

Hrvatska se nije vratila u devedesete, već u osamdesete. Da se vratila u devedesete ona bi bila stabilna država, imala bi stabilnu vlast s polupredsjedničkim sustavom u kojemu se zna tko je za što odgovoran. Da se Hrvatska vratila u devedesete Milorad Pupovac bio bi običan građanin, a ne politički faktor sa zadatkom da glumi protezu beogradske politike. Da se Hrvatska vratila u sjajne devedesete Pupovac ne bi mogao jednom godišnje tiskati velikosrpski uhidbeni nalog protiv svojih neistomišljenika. Hrvatska je, ponajprije izdajom, a onda i uz njegovu nesebičnu pomoć vraćena u osamdesete.

Ne stoji ni drugi dio njegove tvrdnje o tome da se Hrvatska vratila u devedesete i obnovila antisrpsku kampanju. U njoj je obnovljena velikosrpska antihrvatska kampanja, koja uvijek počinje oživljavanjem teze o „vekovnoj ugroženosti". Političko vodstvo Srba u Hrvatskoj upravo insistira na toj tezi. Glavnu ugrozu pritom stvara činjenica da se Velika Srbija nije protegnula do Virovitice, Karlovca i Karlobaga, već samo do Banja Luke.

Netočno je da je „nova vlada potpuno isključila Srbe i druge manjine iz svog programa, a uključila ekstremno desne i ekstremno konzervativne grupacije". Nova vlada niti je koga uključila, niti ikoga isključila. Ona nije ni preuzela vlast od prošle vlade koja je potpuno isključila Hrvate iz svog Programa 21, a uključila ekstremno lijeve i ekstremno liberalne grupacije te ih etablirala kao profesionalne sisavce hrvatskoga proračuna sve dok rade za njezine interese.

Netočna je teza da se „stanje pogoršalo ulaskom Hrvatske u Europsku uniju". Stanje se u Hrvatskoj dramatično pogoršalo 3. siječnja 2000. I to ne samo za srpsku nacionalnu manjinu već za sve državljane Republike Hrvatske. Stanje se još dodatno pogoršalo kad je Pupovac postao čimbenikom vlasti u hrvatsko-srpskoj vladi Ive Sanadera. Pupovac je neizostavni dio politike sveopćeg pogoršanja stanja u Hrvatskoj.

Netočno je da „građanski otpor" slabi „val desnog ekstremizma i povijesnog revizionizma". Otpor o kojemu je riječ u Pupovčevu beogradskom intervjuu nije građanski, već neokomunistički. On podriva stabilitet hrvatske vlade i zaziva povratak na prošlu, šestu najlošiju vladu na svijetu, ili barem na onakvu kakvu je vodio Sanader.

Pupovčevo spominjanje HDZ-a i Katoličke crkve u kontekstu potrebe njihova doprinosa slabljenju vala desnog ekstremizma i povijesnoga revizionizma predstavlja političku iznudu. Desni ekstremizam po svim objektivnim pokazateljima u Hrvatskoj ne postoji. A sve glasniji pokušaji da se utvrdi povijesna istina mimo ideološke, komunističko-velikosrpske, predstavlja povijesni revizionizam samo komunistima i velikosrbima. Bilo bi dobro da Pupovac objasni ulogu SPC u jačanju vala velikosrpskog ekstremizma i povijesnog revizionizma.

Samo truli ostatci propaloga jugokomunističkoga režima mogu danas u Hrvatskoj vidjeti otvoreni klerikalni i nacionalni totalitarizam. Nije ga bilo ni u devedesetima. Ali ga je bilo na srpskoj strani i u osamdesetima i devedesetima. Izjave najviših dužnosnika Srpske pravoslavne crkve, srbijanskoga političkoga vodstva i pobunjenog krila Srba u Hrvatskoj tome najbolje svjedoče. Pupovac ih je zaboravio, kao što je zaboravio sudbinu dr. Ivana Šretera.

Neometani prosvjedi protiv ministra Hasanbegovića i besmisleni prosvjed na Trgu protiv svega i za ništa najbolji su dokaz navodnog povratka Hrvatske u devedesete, navodnog klerikalnog i nacionalnog totalitarizma u Hrvatskoj. Pa, ipak, Pupovac ih u svojim medijskim iskrcavanjima koristi kao argument u dokazivanju „desničarskog primitivizma". Kako primitivno!

Velikosrpski primitivizam je u ovom slučaju ponavljanje uvijek iste protuhrvatske taktike o „vekovnoj ugroženosti srpske nejači", koja je u temelju velikosrpske agresije. Veliki hrvatski primitivizam je pak to što na velikosrpsku taktiku Hrvatska ne reagira načelno i u skladu s povijesnom istinom na političkoj, zakonodavnoj i pravosudnoj razini. I po tome se najbolje vidi da je Hrvatska stjerana u mentalno stanje osamdesetih. Stoga navod „da Hrvatska ima tendenciju rehabilitacije i četrdesetih godina 20. veka" zavrjeđuje postupanje Državnog odvjetništva, ali i osudu političkih stranaka, predsjednika Hrvatskoga sabora, predsjednika hrvatske vlade i predsjednice Republike Hrvatske.

Pupovac je svojim intervjuom dokazao da je za velikosrpske teze spreman. Velikosrpske teze su sve ono za što optužuje Hrvatsku. Sve do jedne! One nas vraćaju u godine jugokomunizma, u Srbiji shvaćene kao godine Velike Srbije pod drugim imenom. Njihovo ponavljanje predstavlja obnovu protuhrvatske kampanje i zalog su budućega nasrtaja. One su izraz i odraz velikosrpskog svetosavskog klerikalizma. One su velikosrpski lijevi i desni primitivizam, i ovdje i u Srbiji. Njihovo iznošenje i zastupanje predstavlja tendenciju rehabilitacije i trajnog etabliranja četništva, nacionalnog totalitarizma, beogradskih četrdesetih pa sve do devedesetih „20. veka". Napokon, one su opravdanje za počinjenu agresiju i uvod u nepostojeći „građanski rat".

Rehabilitacija nepostojeće srpske ugroze povratak je na početne pozicije velikosrpske agresije na Hrvatsku. Pupovac je u jednome ipak u pravu kad tvrdi da se Hrvatska vratila u devedesete. Vratila se i premašila devedesete po smrtnosti hrvatskih branitelja. Oni umiru sve više što je Pupovac (i ne samo on) duže političkim tutorom i arbitrom hrvatskoga društva.

Prema podatcima Koordinacije braniteljskih udruga hrvatskoga kraljevskoga grada Knina stanje je gore od ratnoga. Godine 2009. u prosjeku je dnevno umiralo 5 hrvatskih branitelja, ukupno 1.890. Godine 2012. u prosjeku je dnevno umiralo 6 hrvatskih branitelja, ukupno 2.354. Godine 2015. dnevno je umiralo 8 hrvatskih branitelja, ukupno 2.955. Prosječna dob hrvatskoga branitelja iznosi 50,9 godina. Prosječna životna dob u Hrvatskoj iznosi 76 godina.

Tko je onda u Hrvatskoj stvarno ugrožen?! U prva četiri mjeseca 2016. dnevno je umiralo 10 hrvatskih branitelja, ukupno 1.085. Smrtnost hrvatskih branitelja danas je skoro deset puta veća negoli u ratno doba. U osam godina trajanja velikosrpske agresije poginuo je 6.891 hrvatski branitelj. Prosječno 0,4 dnevno. Danas 10! Premašili smo devedesete za više od 9,5 preminulih branitelja dnevno, ali još nismo nadišli razdoblje svibanj 1945.- ožujak 1951. O tome Pupovac nije raportirao Beogradu.   (hkv.hr, 07. lipnja 2016.)

Britanska podvala: Vučić je sidro stabilnosti regije

Prošlo je trideset godina od javnoga objavljivanja strateškoga imperijalnoga srpskoga dokumenta Srpske akademije znanosti i umjetnosti pod nazivom Memorandum (Večernje novosti, 24. – 25. rujna 1986.). Prošlo je i dvadeset i pet godina od veličanstvenoga ispraćaja Prve gardijske oklopne divizije JNA iz Beograda u pravcu Vukovara (19. rujna 1991.) na kojemu je slomila očnjake, a u Oluji i kralježnicu.

I dok se ovih dana sjećamo ovih dviju obljetnica londonski The Economist (17. rujna, dan poslije 25. obljetnice cvijećem ispraćene „elitne Titove divizije") piše pažljivo odvagnute i birane panegirike Aleksandru Vučiću, srbijanskome šefu vlade, osobi koja je na podlozi Memoranduma i beogradskim cvijećem okićenih gusjenica Titove divizije sudjelovala u velikosrpskoj agresiji na Hrvatsku (kasnije i Bosnu i Hercegovinu i Kosovo). Londonski list piše: „Kao eurofil, bivši ultranacionalist Aleksandar Vučić najveće je iznenađenje Europe". Je li počela djelovati osovina Vučić – Blair?

Vučić je Blaira (2015.) angažirao za savjetnika s ciljem da lobira za srpske interese i nekažnjenu Srbiju približi Europskoj uniji. Do suradnje je došlo unatoč tomu što je Vučić bio urednikom (navodno i recenzentom) knjige „Engleski pederski isprdak Tony Blair" (2005.) autora Vojislava Šešelja, kojom se velikosrpski Beograd obračunao s Blairom zbog činjenice da je Velika Britanija pod njegovim vodstvom sudjelovala u napadu NATO-a na Srbiju, u doba kad je Vučić bio Miloševićev ministar informiranja, a Srbija izgubila poziciju jugoslavenske „vaspitne palice".

Danas, međutim, i u okolnostima britanskoga referenduma o izlasku iz EU, i u okolnostima kad EU nije sklona daljnjem proširenju, razvidno je iz konteksta članka da se i Velika Britanija i (velika) Srbija ne odriču stoljetne britanske vanjske politike „in this area", tj. u „regionu", odnosno „na ovim prostorima", preciznije u laboratoriju „jugosfere" smještenom na zemljopisno nepostojećem „Zapadnom Balkanu". Na prostoru, dakle, na kojemu Srbija u kontinuitetu gubi osvajačke ratove, ali ne odustaje od imperijalne politike i pozicije prvoga „pendreka" južno i istočno od crte Virovitica – Karlovac - Karlobag.

The Economist hvali Vučića, od njega radi europski format i kaže kako mu je glavni strateški cilj osigurati ulazak Srbije u Europsku uniju. Ne, njegov je glavni cilj osloboditi Srbiju od odgovornosti za imperijalne ratove i velezločine počinjene u njima. Za one koji ga podsjećaju na „njegove dane kada je bio zagrižen ultranacionalist" Vučić kaže: „Oni žive u 1990-ima" – piše londonski list ne primjećujući kako je Srbija zahvaljujući i Vučiću zaostala u devedesetima. Međutim, Vučić, piše dalje, „uživa na suncu". Kako i ne bi kad

„Zapadni čelnici smatraju g. Vučića, po riječima Sebastiana Kurza, austrijskog ministra vanjskih poslova, 'sidrom stabilnosti' u toj regiji".

Osim Velike Britanije i male velike Srbije, izgleda kako i kratkovidni „zapadni čelnici" ustoličuju novoga Miloševića u Srbiji, posredno i novoga Karadžića u Bosni i Hercegovini, a već 2004. u Hrvatsku je uz njihovu pomoć instaliran novi Jovan Rašković. Pupovac u Hrvatskoj već duže vrijeme igra ulogu bradatog psihijatra. Razlika ipak ima. Tuđman je najurio Raškovića, a Tuđmanovi nasljednici plaćaju Pupovca. Mogli bismo šaljivo ovako ilustrirati stvar - Milorad Rašković bio je u Hrvatskoj zadužen za provedbu ciljeva Memoranduma 1. Jovan Pupovac za ciljeve Memoranduma 2., a „zapadni čelnici" za oba.

Početkom devedesetih sidro stabilnosti i očuvanja Jugoslavije zapadnim je čelnicima bio Slobodan Milošević. Nije uspio ni uz pomoć Titovih vražjih divizija. Stoga aktualni proces instaliranja novoga srbijanskoga vožda nije nikakvo iznenađenje Europe. Aktualni proces instaliranja zamjenskih „voždova", istina, ovaj put je krenuo od periferije (Zagreb, Banja Luka) prema središtu (Beograd). No, svrha im je ista. U trenutku kad nova postava srbijanskih „voždova" dobije javni blagoslov SPC-a, kohezione „duhovne" snage velikosrpske politike, na političkoj razini nova agresija, bit će na mig „zapadnih čelnika" spremna za klasično ili „asimetrično" (D. D. Lošo) „dejstvovanje". Kao i 1990./1991.

Ekstremnoj srpskoj politici na ruku idu nezainteresirane, kratkovidne i impotentne politike većine država Europske unije, a osobito posttuđmanovska antipolitika hrvatske države koju još od Račana provode dresirani ili kupljeni otpravnici poslova. Što se, naime, događa u Srbiji prvorazredno je pitanje hrvatske vanjske i unutarnje politike, ne samo zato, ali i zbog toga, što se Pupovac, kao „vožd" u ovom trenutku nepobunjenih Srba u Hrvatskoj, sve češće sastaje i usklađuje sa četnicima, Vučićem i Nikolićem, dok po Hrvatskoj istodobno bez ikakva otpora naveliko arbitrira.

Kakva je glavna struja u Srbiji u odnosu prema Memorandumu? The Economist je istrčao s pohvalom Vučiću u doba kad je Srbija u petu brzinu ubacila politiku opravdavanja, veličanja, evociranja i potpunoga rehabilitiranja i Memoranduma i velikosrpske agresije. U doba kad okupirana Banja Luka na „referendumu" sa 99,8 „procenata" potvrđuje nadnevak 9. siječnja (1992.) kao „dan republike srpske", čime velikosrpskom genocidu daje pravo državnosti (s „prisajedinjenjem" Beogradu). Uz pomoć „referenduma" (provedenoga djelomično prema načelima „jogurt revolucije", djelomično prema Miloševićevom naputku - „institucionalno i vaninstitucionalno"), među ostalim, velikosrpstvo od Dodika nastoji stvoriti novoga i pouzdanoga Radovana Karadžića.

Je li u pravu usamljeni glas Latinke Perović, beogradske povjesničarke, kad je nedavno kazala da se Srbija ne vraća u devedesete, budući da mentalno nikad nije ni izašla iz ondašnjih imperijalnih ratova? Ako je vjerovati političarima, akademicima, medijima – duh vremena u Srbiji vrti se ukrug. Tako „Nedjeljnik" pišući opširno o obljetnici prvoga Memoranduma prenosi Vladimira Kostića, predsjednika SANU, koji tvrdi da Memorandum nije prihvaćen, te da je posrijedi opasna konstrukcija i teška nametnuta hipoteka SANU. Znameniti velikosrbin akademik Vasilije Krestić tvrdi kako su napadi na Memorandum neutemeljene kreacije razbijača Jugoslavije.

Najčitanija tiskovina u Srbiji, „Informer", žuto glasilo koje u pravilu prenosi ono što misle srbijanski politički vrhovi i tamošnja obavještajna zajednica, piše izrazito pozitivno o Memorandumu. Slično i „Večernje novosti". Glavni urednik Ratko Dmitrović, od ranije poznati velikosrpski medijski huškač, govoreći o Memorandumu tvrdi kako SANU treba skinuti sa sebe veliku laž o tome da je bila laboratorij zla.

O ulozi SANU oglasio se i Helsinški odbor za ljudska prava u Srbiji. Osudio je rehabilitaciju imperijalne, ratne politike Srbije iz razdoblja pripreme i provedbe velikosrpskih agresija. Upozorava na pokušaj potpunog oslobađanja bilo kakve odgovornosti ondašnjih kreatora velikosrpske politike. Osuđuje šutnju srbijanskoga društva. Zaključuje kako je Srbija konsenzusom ušla u osvajačke ratove devedesetih godina, te da s visokim stupnjem suglasja danas prihvaća ondašnju zločinačku politiku kao ispravnu i opravdanu.

Što se tiče SANU srbijanski Helsinški odbor tvrdi da njezina uloga u pripremi rata i u ratnoj propagandi spada u područje povijesnih činjenica, a ne osobnih uvjerenja. Podsjeća kako je već i u Srbiji, a i izvan nje, objavljeno mnoštvo znanstvenih radova, dokumenata, svjedočenja i dokaza koji nedvojbeno otkrivaju istinu o povijesnoj ulozi SANU i njezinu odgovornost za ratove. No, umjesto raskida s mračnom stranom velikosrpske politike i dalje se u Srbiji podgrijavaju mitovi i proizvode povijesne krivotvorine.

Aktualni i bivši srbijanski političari i većina medija ne dopuštaju da Srbija izađe iz guste magle opijuma velikosrpskog cvijeća zla. Ljetos je Ivica Dačić, „mali Sloba" i postmiloševićevski čelnik Socijalističke partije Srbije, aktualni ministar vanjskih poslova, iznio službeno stajalište Ministarstva, dakle, i srbijanske vlade o tome da je haaškom presudom protiv Karadžića Milošević oslobođen sumnji za ratne zločine, etničko čišćenje i genocid. Da su optužbe protiv Miloševića, Srbije i SR Jugoslavije bile lažne. Svim poznatim i nepoznatim dokazima unatoč.

Ministar Aleksandar Vulin (zadužen za dizanje tenzija prema Hrvatskoj), tijekom devedesetih suradnik Mire Marković i njezine „Jugoslovenske levice", smatra kako je Haaški sud dokazao da je srpski narod bio pravedan, da je ondašnja politika bila ispravna, da Srbija nije vodila i izazivala ratove, već da su joj bili nametnuti. To će reći da je za velikosrpsku agresiju, primjerice u Hrvatskoj, odgovorna Hrvatska.

Velikosrpski akter iz devedesetih Borislav Jović objavio je naslov „Kako su Srbi izgubili vek". U njoj nariče, kao i Memorandum SANU prije trideset godina, o tragičnoj sudbini Srba u Jugoslaviji. U intervjuu „Kuriru" Jović iznosi poznate velikosrpske teze: Srbima je rat nametnut, Srbi nisu odgovorni za ratove, devedesetih godina srpski je narod branio svoje ognjište, Srbi su prevareni, Srbi su žrtve i sustavno obespravljivani - a vjerovali su u bratstvo i jedinstvo, Milošević nije imao izbora, Srbija ne treba odmah podići spomenik zaslužnom Miloševiću, Haaški sud je dobio zadaću kazniti Beograd gubitkom države...

Svojedobni predsjednik srbijanske vlade i potpredsjednik Vlade SRJ, miloševićevac i osuđenik Haaškoga suda, ratni zločinac Nikola Šainović oglasio se u „Danasu" s prijedlogom da Srbija treba podići spomenik Miloševiću zbog njegova prinosa u obrani od agresije. Za stajalištima srpske intelektualne elite ne zaostaje ni sirovi srpsko-australski terorist Dragan Vasiljković, priveden hrvatskome sudu zbog praktične provedbe ciljeva Memoranduma SANU. Na suđenju izjavljuje kako nije kriv, on je samo „branio Jugoslaviju". Zašto ju je „branio" kad su Srbi u Jugoslaviji bili „ugroženi" i u njoj „izgubili vek", nije pojasnio ni on, a niti ostali velikosrpski trbuhozborci.

Srbi su opet „ugroženi", ali ne više u Jugoslaviji, već u svim srpskim „oblastima" rasutima u maglama britansko-srpske „jugosfere". Tijekom Jugoslavije „oblasti" su bile „nerazvijeni krajevi" za koje se desetljećima solidarno izdvajalo. I što se više u njih ulagalo to su bili nerazvijenijima. Pupovčeva politika je na tragu komunističke politike nerazvijenih krajeva. I danas traži lovu, ako ne dobije koliko traži onda je na djelu „fašizacija Hrvatske". Međutim, u Hrvatskoj nema ni f od fašizma. Ali ga ima u Srbiji u kojoj Pupovac 5. kolovoza obilježava „Dan sećanja na srpske žrtve Oluje" umjesto u Kninu Dan domovinske zahvalnosti i Dan hrvatskih branitelja, dok zauzvrat o pravoslavnom Božiću uspješno godinama postrojava ekstremno pokornu mu hrvatsku politelitu. On njima: K nozi! Oni njemu: Hristos se rodi!

Predsjednik Srbije Tomislav Nikolić, bivši Šešeljev radikal, sudionik velikosrpske agresije na Hrvatsku za kojega se opravdano sumnja da je sudjelovao u zločinima nad civilima u hrvatskom selu Antin, četnički „vojvoda", ekstremist je velikosrpske fašističke ideje – Svi Srbi u jednoj državi. Otvoreno je priznao da mu je Velika Srbija neostvareni san, dok mu je pred nosom isparilo Kosovo. Za njega je Vukovar srpski grad, Stepinac zločinac, a mit o Jasenovcu je opravdanje za imperijalnu politiku i masovne zločine. Izabrani je predsjednik Srbije.

The Economistov „eurofil" i „mister" Aleksandar Vučić političke lijane velikosrpske politike svladavao je devedesetih godina nošenjem gajbi mlakoga piva Šešelju, Nikoliću i drugim žednim četnicima. Sudjelovao je u velikosrpskim agresijama. Za njega je Glina teritorij Srbije, premda je riječ o teritoriju Europske unije otkad se Hrvatska „vratila kući" (J. Kosor). Dokazani je verbalni i praktični ekstremist. Ako se i odrekao Šešeljeva i Miloševićeva fašizma, onda je on „bivši fašist". Miloševićev agitpropovac (ministar „informisanja"), nedavno je izjavio kako Srbi nikad ne će prihvatiti Stepinčevu svetost. Na izborima u Srbiji uredno pobjeđuje.

Latinka Perović je u pravu, Srbija nije izašla iz velikosrpskoga koncepta. Ništa se drugo ne može zaključiti poslije uvida u tamošnje izborne rezultate na kojima pobjeđuju najrigidniji ekstremisti i najradikalnije stranke, nakon uvida u karakter njezine bivše i aktualne vlasti, u njezin zatrovani medijski prostor i u zadrte priglupe istupe njezinih „naučnika" i „umetnika". Srbija je spremna za novu destabilizaciju „prostora bivše Jugoslavije". Moguće i oružanu. Njezina je uloga u laboratoriju „jugosfere" definirana dugoročno velikosrpski. U tom pogledu sada je odlično i kadrovski ekipirana kako u Beogradu, tako i u „srpskim oblastima" i „srpskim krajinama". Eventualni problem je jedino povijesno pamćenje na kojega londonski The Economist nije računao kad je dokazanoga sljedbenika fašističke politike promovirao u eurofila.

Tuđman je Hrvatsku ostavio pozicioniranu kao regionalnu silu i jako sidro stabilnosti. U posljednjih šesnaest godina razgraditelji hrvatske države učinili su sve da Hrvatska odustane od same sebe. Vrativši je u osamdesete godine od nje su napravili nesposobnu regionalnu socijalističku republiku, koja je bratstvo i jedinstvo zamijenila političkom korektnošću. I koja se mic po mic odriče, ne samo suvereniteta nad vitalnim sektorima održiva opstanka, već i povijesnoga sjećanja na velikosrpsku agresiju i njezine posljedice. O obljetnicama koje se još ne mogu ignorirati, tu i tamo se spomene da je Domovinski rat temelj moderne hrvatske države, ali se u pravilu izbjegava spomenuti velikosrpsku agresiju i imenovati agresore.

Hrvatske politelite se samozavaravaju kako je za pariranje srbijanskom „oštrenju noževa" dovoljno što je Hrvatska članica EU i NATO-a. Povijesno iskustvo nas uči da su ključne članice EU i NATO-a izručile Hrvatsku u ralje Memoranduma SANU i gurnule pod gusjenice velikosrpskog fašizma. Hrvatska se obranila od namijenjenoga joj izgona iz povijesti samo zato što se zahvaljujući Tuđmanu i hrvatskim braniteljima oslonila na „vlastite snage i pomoć Božju". Sve kasnije politike znatno su pridonijele prodoru velikosrpske politike otupjevši hrvatski otpor prema njoj. Za nacionalnu sigurnost jednako su opasne i velikosrpska imperijalna politika u rasponu od Miloševića do Vučića, kao i hrvatska antipolitika s glavom dolje i rukama na leđima.

(hkv.hr, 27. rujna 2016.)

Sinergija Plenkovićeva Povjerenstva i Pupovčeva Biltena

Izvrsno se nadopunjuje sastav vladina Povjerenstva za suočavanje s prošlošću i srbijanski Bilten o montiranoj slici Hrvatske. Riječ je o sinergiji neojugokomunizma i velikosrpskoga četništva. Jugokomunizmu i četništvu zajedničko je stajalište – nikakva samostalna hrvatska država. Ako se i ostvari, onda je ona u nekoj mjeri fašistička i cijeli hrvatski narod mora zbog toga trajno snositi posljedice, sve dok ne nestane s povijesne scene. Fašizam će iz Hrvatske nestati kad nestane hrvatske države i Hrvata. Sva načela unutarnje blokade održivoga razvitka Hrvatske sublimirala su se ovih dana kadrovskim popunjavanjem Plenkovićeva povjerenstva i objavljivanjem Pupovčeve optužnice s presudom. Ne tako davno mjerodavne službe objavile su kako je u nas u porastu lijevi ekstremizam i četništvo. Međutim, stvarni ekstremisti stvaraju obrnutu sliku. Kao da je u porastu desni ekstremizam i ustaštvo, a oni, jadni - nevini. I, dakako, još i ugroženi! Premda do trećega koljena, sad već nasljednim pravom, sišu državni proračun radeći u korist naše štete.

Demokratska hrvatska Hrvatska morala bi se suočiti najprije sa svojom suvremenošću, a tek onda bi se mogla efikasno suočiti sa svim totalitarizmima koji su je rastakali tijekom 20. stoljeća: Velikosrpstvom, fašizmom, jugokomunizmom, pa opet velikosrpstvom i na kraju s najnovijim čudnovatim oblicima europeizma s jugofigom u džepu. S obzirom na to da mi u Hrvatskoj tek kad počnemo nazivati stvari svojim pravim imenom možemo napraviti ozbiljan korak naprijed, kao u razdoblju 1990. – 2000. kad smo izišli iz hrvatske šutnje i komunistu rekli da je komunist a četniku da je četnik, logično je i povijesno dokazano tvrditi da se nećemo maknuti iz vozanja u leru dok opet stvari ne počnemo nazivati svojim imenom, kako je to odavno napisao dr. Ante Starčević. Od impotentne politkorektnosti nikakve koristi!

Umjesto s dr. Starčevićem Hrvati su suočeni s dr. Pupovcem. Umjesto s dr. Tuđmanom Hrvati su suočeni s njegovim lošim surogatima, provoditeljima light inačice politika SKH-SDP-a. Da, dok se stvari ne počnu nazivati svojim pravim imenom, mi se ne možemo suočiti ni sa suvremenošću, čak niti s nakaradnim izbornim zakonodavstvom, ili komunističkim zakonom o abortusu, kamoli s prošlošću.

Pokušajmo pronaći pravo ime za Plenkovićevo Povjerenstvo i Pupovčev Bilten. To su dva kraka istih kliješta kojima se vrši lobotomija nacije i države. Oba se kraka pozivaju na europske vrijednosti (uključivost i antifašizam), a zapravo provode starojugoslavensko i jugokomunističko nasilno nametanje kreativne laži o kojoj je Dobrica Ćosić u „Deobama" napisao antologijske rečenice. Otpor politikama kreativnih laži proglašavaju populizmom i fašizmom.

Svojim kadrovskim sastavom Povjerenstvo nas je vratilo na tekovine Socijalističkoga saveza radnoga naroda Hrvatske. Sadržaj pak Biltena jednonacionalne udruge građana, SNV-a, koja je preslika jugoslavenskih samoupravnih interesnih zajednica, po svojemu je karakteru već viđena i tijekom prošloga stoljeća stotinama puta isprobana podloga za montiranje procesa Hrvatima i njihovoj državi – institucionalno i izvaninstitucionalno. Sve prema receptu „do istrage naše ili vaše" iz 1902., koja je posadašnjena poemom „Ćeraćemo se još", akademika SANU Matije Bećkovića, objavljene, ne slučajno, godine 1996., poslije hrvatske Oluje.

Kao što SSRN nikad ništa nije riješio, već je samo služio Partiji da po dubini prostora lakše provodi svoju totalitarnu politiku, tako ni Plenkovićevo povjerenstvo, sudeći po sastavu, ništa ne će riješiti, osim što će učvrstiti bedeme društvene podjele na nekad i sad privilegiranu projugoslavensku komunističku elitu („crvenu buržoaziju" s potomstvom) i hrvatsku većinu. Ni Pupovčev Bilten ne rješava ništa, iako već deset godina zaredom optužuje Hrvate i Hrvatsku po istom obrascu kako ih je u 20. stoljeću optuživala Kraljevina Jugoslavija, Srpska pravoslavna crkva, SANU, KPH-SKJ-u sve do aktualnih srbijanskih četnika Nikolića, Vulina, Dačića, Vučića, Šešelja i njihovih hrvatskih eksponenata.

Učinci politike osnivanja povjerenstava i publiciranja agitpropovskih biltena ipak postoje. Politika SSRNH i politika montaže po uzoru na Titov i OZN-in agitprop stvaraju kritičnu masu za novi masovni pokret. Partijaši bi rekli „maspok". On će biti reakcija, kao i svi dosadašnji pokušaji nacije da se otrgne najvećoj zabludi hrvatske nacionalne povijesti. Da se, naime, od Hrvata mogu napraviti Srbi, da se Zagrebu može silom nametnuti duša i mozak Beograda. Akcije provođene u duhu SSRNH i akcije provođene u duhu velikosrpske politike, ne mogu proći bez reakcije. Osobito ako nastupaju u sinergiji, uz napadno provođenje politike hrvatske šutnje. Hrvati na protuhrvatske akcije, istina, reagiraju u pravilu kasno.

Ne zaboravimo: I Pavelić je prvenstveno reakcija na teror velikosrpske politike monarhističke Jugoslavije. Reagirao je 1929. na kontinuitet velikosrpske politike započet 1918., tek kad su u beogradskoj skupštini 1928. velikosrbi ubili hrvatske zastupnike. Pavelić je posljedica, velikosrpska politika uzrok. Reagiralo se i Deklaracijom o nazivu i položaju hrvatskoga jezika tek nakon akcije novosadskoga dogovora, pa je Krleža zbog toga maknut. Reagiralo se i 1971...

Uslijedila je sjeća Hrvata i instaliranje hrvatske šutnje. Sječa Hrvata je to veća, što im je reakcija bila burnija i plodonosnija. To je pravilo koje nosimo iz iskustva jugoslavenske zajednice. No, sječa Hrvata 1972. predstavlja mačji kašalj u odnosu na razmjere sječe Hrvata kakva je provedena po 3. siječnju 2000.!

Jedina prava reakcija na velikosrpsku i jugokomunističku akciju koja je urodila trajnim plodom dogodila se 1991. pod vodstvom dr. Franje Tuđmana. Zato je i završila u sveopćoj dekroatizaciji i detuđmanizaciji. Nije rehabilitirano ni 1 posto lustriranih, otpuštenih, pregaženih, šikaniranih, procesuiranih i etiketiranih Hrvata koji su stvarali državu i bili pokošeni po 3. siječnju 2000. u diplomaciji, vojsci, policiji, kulturi, medijima, državnoj upravi, državnim tvrtkama, lokalnoj samoupravi... Najgore je prošla Hrvatska vojska, o čemu svjedoči, među ostalim pokazateljima, broj samoubojstava branitelja, koji je više negoli zastrašujući – teško je dobiti obrambeni rat, a još teže pobjedu izgubiti u miru. Hrvatska vojska je najgore prošla i kad smo potpali pod komunističko oslobođenje 1945.

Reagirat će se, kažem, opet, jer državu su zajahale snage koje su izgubile Hrvatima nametnuti rat. Nemoguće je ne vidjeti da su upravo te snage glavna kočnica države i nacije. Reakcija će se dogoditi kad počnemo stvari, događaje, arbitre i pojave imenovati njihovim pravim imenom i stavljati ih u provjereni povijesni kontekst, a ne u beskvasne rasprave politpovjerenstava i jednonacionalnih biltena. Kako bi se taj proces odgodio što dalje u budućnost, Hrvatima su oduzeti mediji, banke, stranke i egzistencijalna sigurnost. U zamjenu dobili su dužničko ropstvo u tuzemstvu i slobodno iseljavanje u inozemstvu, ali i povjerenstva za beskorisno trošenje vremena u kombinaciji s velikosrpskom agitacijom i propagandom kreativne laži. Jedno i drugo na hrvatskom je proračunu. Već se iz zrakoplova može vidjeti kako takvo neodrživo stanje bez represije, nasilja i kombinacije mekih i tvrdih oblika i metoda totalitarizma, nije moguće održavati u nedogled.

Suočimo se sa suvremenošću kako bismo se mogli suočiti s prošlošću. Nisam provjeravao, ali sam siguran kad su se Nijemci suočavali s prošlošću u „povjerenstvo" nisu uzeli nijednoga hitlerovca. Kad su se Rumunji 1989. suočavali s prošlošću nisu u povjerenstva imenovali Ceausescuove ljubitelje njegova lika i djela. Kad se pak Hrvati navodno suočavaju s prošlošću, dvadeset i osam godina poslije Rumunja, u povjerenstvo imenuju komunističke ideologe, čak i onkologe, pa i ljude koji i danas promoviraju Tita čija je vojska s crvenom petokrakom poduprtom četničkom kokardom izvršila agresiju na Hrvatsku. Dva puta! Prvi put s doslovnim desetkovanjem cijeloga naroda.

Blokada suočavanja je, dakle, totalna – dolazi s lijeva, desna i iz velikosrpskih krugova. Ono što u svemu tome daje kiselu nadu odnosi se na zakon fizike – svaka akcija izaziva reakciju, ili kako je to narod davno prije Newtonova trećega zakona kretanja slikovito opisao – „svaka rit dođe na šekret". Nadu potkrjepljuje i nepisano pravilo hrvatske nacionalne povijesti proživljene u jugoslavenskoj zajednici – Hrvat reagira tek kad mu neprijatelj doslovno priđe kućni prag. Zato suvremeni neprijatelji, znajući povijest hrvatskih reakcija na neprijateljske akcije, svoje operacije doziraju stvarajući kontinuiranu atmosferu niskoga protuhrvatskoga intenziteta, da se Hrvati ne dosjete o čemu se radi. Nastoje hrvatstvo svesti na „prihvatnu stvar" uz roštilj i gemište. Vjeru im zgurati u skučenu sakristiju, identitet preodgojiti, a živo, poduzetno i kreativno hrvatstvo sprešati u četiri zida ili poslati u emigraciju. To je Titov recept, koji je preuzeo iz totalitarne Kraljevine Jugoslavije, a ova pak iz načela velikosrpskih ideologa.

Priča o porastu desnog ekstremizma i ustaštva plod je utjelovljene i dobro plaćene kreativne laži među nama, taktike mi ili oni i želje „ćeraćemo se još". Vrijeme je da Hrvatska prestane prešutno pristajati biti hranidbenim lancem protuhrvatskih ekstremista i njihovih ideologa. Vrijeme je da ozbiljno shvatimo upozorenje SOA-e. Sinergija poruka Povjerenstva i Biltena potvrđuje nalaz SOA-e. Oboje su, naime, hrana lijevom i četničkom ekstremizmu u modernoj hrvatskoj državi, koja je nastala voljom hrvatskoga naroda za vlastitom državom, ali i kao reakcija na lijevi jugokomunistički i velikosrpski četnički ekstremizam, koji se u pogodnim trenutcima pretvara u otvoreni protuhrvatski teror.

(hkv.hr, 13. ožujka 2017.)

Stepinčevu svetost ne priznaju jedino SPC i Srbija

Kad je ustanovio mješovitu komisiju Crkve u Hrvata i Srpske pravoslavne crkve Papa Franjo na pitanju kanonizacije Alojzija Stepinca pokazao je dosad neviđeni stupanj „inkluzivnosti". Rečeno rječnikom aktualne političke korektnosti, koju je u hrvatski javni diskurs uveo prof. Plenković mlađi, Papina komisija nije dovela do „političke stabilnosti". Komisija, naime, nije politička arbitraža ili politprostitucija. Svoj rad temeljila je na unaprijed određenim pravilima koja nisu dopuštala izlazak kroz dimnjak (rafjak, kjv) izvan dokumentirane istine.

Možda zato i nema relevantne izjave hrvatskih političara nakon što je komisija završila rad, osim uključivoga Pupovca. Bilo bi zanimljivo čuti mišljenje, recimo, potpredsjednika vlade Štromara, ali i drugih, osobito velikih „pučana" i prigodničarskih „demokršćana". Javio se jedino plačljivim glasom dežurni arbitar Milorad Pupovac s argumentacijom glasnogovornika ne samo onih mršavih nekoliko tisuća koji su za njega glasovali, već i hrvatskih političkih elita jednako kao i SPC i Srbije.

Nema, dakle, zajedničkog stajališta ni poslije rada mješovite komisije. Srbiju ne zanima istina, ona zna tko je u pravu, kako je to lijepo sažeo srpski akademik Matija Bećković. U pravu je i dalje partijska interpretacija povijesti. Aleksandar Raković, srpski „istoričar", kaže da Srbija i SPC „ni sada ni u budućnosti ne će da prihvati" Stepinčevu svetost, jer da su Srbi ubijani od režima Nezavisne Države Hrvatske. Nadbiskup Stepinac, međutim, nije bio dio Pavelićeva režima. Ali Stepinac je zato bio kritičan prema svim režimima u kojima je djelovao, bilo da je to bio velikosrpski režim monarhističke Jugoslavije, Pavelićev režim u NDH ili totalitarni jugokomunistički režim maršala Tita.

Velikosrbi i komunisti imaju problem sa Stepincem od trenutka kad je ovaj odbio Titov plan o odvajanju Crkve u Hrvata od pape i Vatikana. S osporavateljima Stepinčeve svetosti možemo se složiti samo u jednom. Stepinac ne bi bio sporan SPC-u, Srbiji, Titu, Partiji i njihovim suvremenim trabantima, da je prihvatio Titovu ponudu o odvajanju Crkve u Hrvata od pape i Vatikana. SPC i KPJ/SKJ, već bi ga za života proglasili svecem, odnosno narodnim herojem, te ga odlikovali najvišim svetosavskim i državnim odličjima, počastili bi ga počasnim članstvom u JAZU, moguće i SANU, a dobio bi i Džamonjin spomenik u Beogradu umjesto Blaževićeva montiranoga procesa u Zagrebu. Do svibnja 1945., dok su iz šume vrebali vlast, častili su nadbiskupa Stepinca kao pozitivnu osobu. No, čim su revolucionarnim metodama osvojili vlast, Stepinac je postao objekt njihove montaže. Zašto? Zato jer nije pristao na projekt koalicije komunista i velikosrba o zatiranju povijesno potvrđenoga identiteta hrvatskoga naroda. Identiteta na kojemu je nekoliko desetljeća kasnije utemeljena slobodna hrvatska država.

Hrvatska danas ni o čemu bitnom nema zajedničko stajalište sa Srbijom – bilo da je riječ o jeziku, povijesti književnosti, velikosrpskoj agresiji i njezinim uzrocima i posljedicama, žrtvama, granicama, osim u jednom – ulazak Srbije u EU hrvatski je strateški interes, premda nije jasno je li to i srpski strateški interes. Osim Srbije Stepinčeva je svetost sporna i srbijanskim trabantima u Hrvatskoj, koji otvoreno zagovaraju stajališta i opravdavaju protuhrvatske politike iz razdoblja velikosrpskoga totalitarizma monarhističke Jugoslavije i razdoblja totalitarnoga jugokomunističkoga totalitarizma crvenoga fašiste Tita.

Mitovi i krivotvorine partijske interpretacije povijesti ključni su čimbenik za koje se love lovci u mutnom. Stepinac je za njih prekrupna riba. Dobili su prigodu kakvu više nikad ne će dobiti. Mješovita komisija bila je ne posljednja, već zadnja prigoda, da iznesu urbi et orbi argumente umjesto partijskih interpretacija. Predstavnici SPC pred komisiju nisu donijeli ništa! Ali su tražili produžetak rada komisije. Oni bi u nedogled zavlačili. I zavlačit će, ali više ne pred Papom, već ponajviše u Hrvatskoj. Zavlačenje će imati uspjeha onoliko koliko će im na unutarnjem planu hrvatska država dopuštati, odnosno koliko će hrvatske politelite lovce u mutnom „inkluzivirati", hraniti, financirati i šopati. A na vanjskome planu i dalje provoditi šutnju o istini i nasrtajima na nju.

Na pitanje je li za vas Stepinac kontroverzna osoba Pupovac odgovara - još je niz pitanja na koja treba odgovoriti. Suglasnosti o Stepincu nema, pojašnjava Pupovac, u pitanju odnosa prema NDH, pokrštavanju, zločinima... Ili nije pročitao odavno dostupne dokumente i drugu povijesnu građu, ili manipulira, ili je vjernik partijske interpretacije i montaže.

Poslije završetka rada mješovite komisije potpuno je deplasirano kardinala Stepinca promatrati u relacijama hrvatsko-srpskih i srpsko-hrvatskih kontroverzija. Osporavanje Stepinčeve svetosti bilo je razlog Papina utemeljenja mješovite komisije. Osporavanje utemeljeno na mitovima, lažima, montažama i krivotvorinama srpska je specijalnost uzdignuta na čast državne politike. Stepinac je političko pitanje Srbije, Srpske pravoslavne crkve i njihovih trabanata. Za katolike, Zapad i Vatikan Stepinac nije političko pitanje. On je za zapadnu uljudbu prije svega svjetionik i putokaz ispravnoga odnosa prema totalitarizmima. Bilo da je riječ o velikosrpskom, ustaškom ili jugokomunističkom. Prema tome, ako doista želi slijediti pozitivan Stepinčev primjer hrvatska država mora jasno i glasno, nedvosmisleno i kontinuirano osuđivati velikosrpski (1918. – 1941.) i komunistički (1945. – 1990.) totalitarizam na jednaki način kako to čini i s ustaškim režimom (1941. – 1945.).

S osporavateljima Stepinčeve svetosti možemo se složiti samo u jednom. Stepinac ne bi bio sporan SPC-u, Srbiji, Titu, Partiji i njihovim suvremenim trabantima, da je prihvatio Titovu ponudu o odvajanju Crkve u Hrvata od pape i Vatikana. SPC i KPJ/SKJ, već bi ga za života proglasili svecem, odnosno narodnim herojem, te ga odlikovali najvišim svetosavskim i državnim odličjima, počastili bi ga počasnim članstvom u JAZU, moguće i SANU, a dobio bi i Džamonjin spomenik u Beogradu umjesto Blaževićeva montiranoga procesa u Zagrebu.

Srbija i SPC jedine na svijetu službeno ne priznaju i nikad ne će priznati svetost Alojzija Stepinca. To je jedini opipljivi rezultat jednogodišnjega rada Papine mješovite komisije. Prema tome, glede Stepinca – *santo subito*. I nastaviti dijalog, ali ne po načelu gluhoga s nijemim, već samo i jedino na načelima međunarodnoga prava, znanstvene aparature i dokumentirane istine. Sve ostalo spada u gubljenje vremena, osim kad je riječ o nužnim naporima raskrinkavanja velikosrpskih i komunističkih mitova, montaža i krivotvorenja.

(hkv.hr, 30. kolovoza 2017.)

Od Tokija 1975. do Jasenovca 2017.: Zakonit način uvođenja bezakonja

Dok ovo pišem Velebit gori sedamnaest (brojkom: 17) dana zaredom, a ja tražim literaturu da ponovim gradivo o suradnji talijanskoga fašizma i srpskoga četništva početkom četrdesetih godina prošloga stoljeća. Poslije serije požara uredno najavljenih u petokolonaškim Novostima, destabilizacija države i nacije prenijet će se i u rujan. Najavili su to drugarskim snagama Pupovac i Radin, pridružio im se i stanoviti Štromar. Ploča se mora ukloniti, poručili su Plenkoviću Milorad, Furio i Predrag. A njemu je, kuže to dečki, od spomen ploče u Jasenovcu daleko važnija politička stabilnost, odnosno „mogućnost upravljanja državom na stabilan način", kako je to formulirao Gianni Agnelli, predsjednik Fiata i jedan od utemeljitelja Trilaterale u uvodniku talijanskog izdanja izvješća „Kriza demokracije" iznesenoga na sastanku Trilaterale u Tokiju godine 1975.

Zbog političke stabilnosti i upravljanja državom na stabilan način, Plenković je Pupovca inkluzivirao i dao mu poziciju zlatnoga teleta, Radinu darovao mjesto potpredsjednika ureda za ratifikaciju europskih direktiva, a Štromaru s kroničnim poremećajem nedostatka demokratskoga legitimiteta, položaj s kojega Hrvatima može s visoka soliti pamet i reći ono što Plenković, kao predsjednik „središnje nacionalne stranke" jednostavno ne smije da ne uđe u zonu „manjka demokracije". I sad smo tu gdje jesmo. Politička stabilnost na Plenkovićev način sklepana plesala je samo jedno ljeto u kojemu su stabilni bili jedino požari.

Što se sve dogovorilo unutar promiskuitetne koalicije javnosti nije poznato. No, zna se kako se prave koalicije u-go-va-ra-ju, što dolazi od riječi „ugovor". Štromar, opreza radi, veli da su „potpisali dokument" bez rokova izvršenja onoga što su dogovorili, što znači da su potpisali papir bez pravnoga učinka. Ugovor o koaliciji, ako nije ortački, mora biti javan. S druge strane, koalicije se dogovarajuZadatak, drugovi!Vlada je dobila zadatak od inkluziviranih predstavnika „manjka demokracije", da to napravi „zakonito", to jest silujući pravnu državu, ponižavajući hrvatske branitelje, štemajući temelj države i krivotvoreći povijesne činjenice. Spomen ploča je kao i udruga HOS, međutim, postavljena prema svim pozitivnim i važećim propisima Republike Hrvatske, ali nije postavljena prema važećim propisima Socijalističke republike Hrvatske, Socijalističke federativne republike Jugoslavije i Republike srpske Krajine. I to je jedino sporno bez ugovora ili s „potpisanim dokumentom" bez prava javnosti, više-manje na prostoru jedinstvenoga jugoslavenskoga kulturnoga prostora bratstva i jedinstva. Ako je vjerovati Plenkovićevim uključenicima, dogovoreno je da će spomen ploču poginulim hrvatskim braniteljima koalicija bratstva i jedinstva devastirati u rujnu ove godine.

Vlada je dobila zadatak od inkluziviranih predstavnika „manjka demokracije", da to napravi „zakonito", to jest silujući pravnu državu, ponižavajući hrvatske branitelje, štemajući temelj države i krivotvoreći povijesne činjenice. Spomen ploča je kao i udruga HOS, međutim, postavljena prema svim pozitivnim i važećim propisima Republike Hrvatske, ali nije postavljena prema važećim propisima Socijalističke republike Hrvatske, Socijalističke federativne republike Jugoslavije i Republike srpske Krajine. I to je jedino sporno.

Koalicijski dogovor očito je rađen u duhu i pod geslom „Smrt fašizmu, sloboda narodu". Stoga je pitanje za pet kuna – treba li razmontirati ploču poginulim hrvatskim braniteljima ili dogovornu koaliciju, tj. vladu utemeljenu na izbornim prijevarama - ako se usudi devastirati spomen ploču poginulima u obrani Domovine. Tko zna što su još smislili dok su dogovarajući se sastavljali koaliciju bratstva i jedinstva i opravdavali je argumentima iz Tokija (1975.)?

Sve to otvara, već poznata, no, uvijek iznova pod tepih zgurana pitanja. Meni je osobno najzanimljivije ovo: Tko je u Hrvatskoj uspostavio i za čije ciljeve politički sustav u kojemu se metodom dogovora miješaju tri politička modela upravljanja državom: Demokratski, monarhijski i oligarhijski. Upravo čitam knjigu autora Domenica Moroa (Profil, Zagreb, 2014.) pod naslovom „Klub Bilderberg i Trilaterala" s tržišno isplativim podnaslovom „Oni upravljaju svijetom" i poprilično promašenom porukom na naslovnoj stranici: „Šokantna otkrića o dva tajna društva najmoćnijih ljudi koji odlučuju o sudbinama svih nas" (naime, nema ničega šokantnoga, niti otkrića koja već nisu bila poznata). Mislio sam da će knjiga pružiti barem uvod u odgovor, ali vidim da se moram osloniti na zdravu pamet i podatke iz knjige samo „primiti na znanje", onako kako je naš hrabri za dom uvijek spreman Zrinjevac primio na znanje izvještaj o stanju vjerskih sloboda u Hrvatskoj s potpisom State Departmenta srozanim na razinu etnobiznismenovih Novosti.

Nit koja u nas povezuje demokratski, monarhijski i oligarhijski sustav jest crvena, ona koju je tražio Jakov Blažević. Nije tajna da je ona opstala zahvaljujući izostanku lustracije na koju su hrvatski lajbeki pristali misleći da vuk zajedno s dlakom mijenja i ćud. Dakle, koliko sam razumio navedenu knjigu, demokratski se sustav očituje u tome što se redovito „Politstabilnost"Spomen ploča u Jasenovcu nije pitanje Republike Hrvatske i njezine Vlade. To je pitanje političara bivše i pokojne SRH, SFRJ i RSK. Zašto se pak mandatar/monarh doveo u situaciju da ga pupovčad, radinčad i štromarčad vjerodostojno ucjenjuju? Zbog „političke stabilnosti"? Ili je spomen ploča samo dimna zavjesa, traženje razloga za bijeg od neodržive situacije u kojoj se nalazi trula „politička stabilnost"? Ili se, normalnom čovjeku neupitna, spomen ploča koristi za odvraćanje pozornosti od činjenice da je koalicija dogovorena samo da se „prezimi ljeto"održavaju izbori. Pobjednici izbora (stranačkih, lokalnih, državnih...) poslije izbora ponašaju se poput monarha. U tome ih podupiru elite koje u pozadini, lijevo i desno, gore i dolje, funkcioniraju na državnoj sisi kao oligarhija u službi monarha. Knjigom autor pokušava ući u sociologiju globalnih elita, ali zapravo, više se može spoznati kad iznesene činjenice čitatelj preslika u svoje, da ne rečem – nacionalne – okvire.

Predstavnici Bilderberga i Trilaterale, kaže autor, na svojim sastancima već su prije nekoliko desetljeća ustanovili kako ih ometa „višak demokracije". Taj višak su riješile smanjivanjem ovlasti parlamenata na ratifikacijsku razinu, povećanjem ovlasti izvršne vlasti i „afirmacijom neupitna načela uravnoteženoga i stabilnoga upravljanja državom". Dodajmo tomu i uvođenje „izbornih zakona koji marginaliziraju političke snage izvan prostora 'umjerena' političkoga svrstavanja". Imamo li ova zapažanja u vidu, lakše ćemo razumjeti našu očajnu suvremenost, našu pupovčad, radinčad i štromarčad. Oni su proizvod „manjka demokracije", katastrofalnoga izbornoga zakonodavstva, monarhističkih ovlasti mandatara, dijelom i izigravanja demokratske volje. Svega onoga što je u Tokiju preporučeno kako bi se „stabilno upravljalo državom". Ali, zaboravilo se da batina ponekad ima dva kraja.

Spomen ploča u Jasenovcu nije pitanje Republike Hrvatske i njezine Vlade. To je pitanje političara bivše i pokojne SRH, SFRJ i RSK. Zašto se pak mandatar/monarh doveo u situaciju da ga pupovčad, radinčad i štromarčad vjerodostojno ucjenjuju? Zbog „političke stabilnosti"? Ili je spomen ploča samo dimna zavjesa, traženje razloga za bijeg od neodržive situacije u kojoj se nalazi trula „politička stabilnost"? Ili se, normalnom čovjeku neupitna spomen ploča koristi za odvraćanje pozornosti od činjenice da je koalicija dogovorena samo da se „prezimi ljeto".

Iako je ploča u Jasenovcu postavljena na zakonit način, ako je vjerovati Jutarnjem listu, Plenković traži zakonit način da ju devastira. Vjerojatno će usvojiti zakon o zakonitom devastiranju bivše zakonite spomen ploče političkom odlukom proglašene nezakonitom, uz obrazloženje (na tragu zatiranja viška demokracije) da iritira bratstvo i jedinstvo pupovčadi, radinčadi i štromarčadi. A taj zakon, kako se god zvao, može biti samo i jedino projugoslavenski, dakle, protuhrvatski. Navodno je rekao „naći ćemo zakonit način za zamjenu ploče", što je logika provoditelja „manjka demokracije". Može li na tom tragu pronaći zakonit način za ukidanje spomenika u Srbu kojim se veliča četnički ustanak? Je li četnički ustanak zakonit? Zašto ne potraži zakonit način za ukidanje Ulice maršala Tita u Zaprešiću gdje mu je gradonačelnik član Predsjedništva stranke, a ministar unutarnjih poslova građaninom?

Zbog svojih besmislenih „strateških ciljeva" HDZ je već plaćao iznude okorjelih jugovića kad je pristao smanjiti broj zastupnika hrvatske dijaspore na razinu srpske nacionalne manjine, što je bila izdaja nacionalnih interesa opravdana „ulaskom u EU". I to nas opravdanje također ne treba čuditi. Naime, kako piše Moro: „U Europi i u Italiji sve se to dogodilo u kontekstu slabljenja nacionalne države procesom europskoga ujedinjavanja. Točno onako kako je Crozier (u Tokiju 1975., nap. a.) prognozirao, europsko jedinstvo bilo je načinom odbacivanja starih načina upravljanja, koji su favorizirali višak demokracije i društvenih zahtjeva vrlo neugodnih za transnacionalne elite. Uostalom, tema europskoga ujedinjenja bila je vrlo česta na sastancima Bilderberga čiji je utemeljitelj, Joseph Retinger, bio nadahnut i Europskim pokretom, organizacijom koja je dovela do osnivanja Europske unije" (str. 111).

Naše su posttuđmanovske elite, budimo iskreni, poslije Partije i Tita, pronašle nove transnacionalne gospodare. Prema tome preko spomen ploče poginulim hrvatskim braniteljima u Jasenovcu prelama se puno toga što znamo, a još više što nedovoljno znamo. U ovome trenutku znamo da su protiv nje transnacionalne elite ukorijenjene u pupovčadi, radinčadi i štromarčadi pod geslom – ne dopustimo Hrvatima višak demokracije. A ono što još ne znamo jest do kad ćemo ih trpjeti da nam o našem trošku svakodnevno zagorčavaju život.

Dok završavam ove bilješke, koliko čujem, Velebit i dalje gori i okrenulo je na buru. Srećom, sjetio sam se gdje sam odložio primarnu literaturu o suradnji, pardon - dogovornoj koaliciji, talijanskoga fašizma i srpskoga četništva u Hrvatskoj, pa će mi i idućih dana biti zabavno.

(hkv.hr, 29. kolovoza 2017.)

Ploča u Jasenovcu: Uskladba velikosrpskoga i jugokomunističkoga totalitarizma

U 20. stoljeću Hrvatska je bila suočena s tri totalitarizma. U razdoblju od 1918. do 1941. razarao ju je velikosrpski četnički totalitarizam. Kao reakcija na njega rodio se ustaški pokret. U razdoblju od 1941. do 1945. Hrvatska se suočila s ustaškim totalitarnim režimom. U razdoblju od 1945. do 1990. s jugoslavenskim komunističkim totalitarnim režimom, koji je svoju renesansu u Hrvatskoj doživio s 3. siječnjem 2000. i traje do danas. Svaki je totalitarizam opasan, posebice oni koji su dugo trajali. Na sva tri totalitarizma najbolje je odgovorio sveti Alojzije Stepinac, pravi uzor odnosa prema totalitarnim režimima.

U nas su najdublje korijene pustili velikosrpski četnički totalitarizam i jugoslavenski komunistički totalitarni režim, što se moglo i ovaj tjedan zorno vidjeti u kontekstu usklađenoga premještanja spomen ploče poginulim hrvatskim braniteljima iz Domovinskoga rata, upravo onima koji su se obračunali s ova dva totalitarizma i uspostavili modernu hrvatsku demokratsku državu. Državu koja je čista negacija ciljeva i velikosrpskoga četničkoga totalitarizma i jugoslavenskoga komunističkoga totalitarnoga režima.

Što svaki za sebe, što u totalitarnoj im koaliciji, velikosrpski četnički totalitarizam i jugoslavenski komunistički totalitarni režim u Hrvatskoj su tijekom 20. stoljeća ukupno trajali 68 godina (brojkom: šezdeset i osam). Ustaški totalitarni režim trajao je od 10. travnja 1941. do 8. svibnja 1945. Ukupno je tijekom 20. stoljeća trajao 49 mjeseci, što je 4,08 godina. Iz ovih je podataka potpuno razvidno da je u Hrvatskoj puno više četničkih i komunističkih prikrivenih i otvorenih zmija, negoli ustaških.

Ostatci ova dva totalitarna dugotrajna režima kako bi preživjeli u okolnostima svoje negacije, demokratske Republike Hrvatske, proizvode fašizam u Hrvatskoj sljubljujući se što u formalne, što u neformalne koalicijske formacije i odrede. Na tom poslu najprije proizvode laž o tome da ni velikosrpski četnički totalitarizam, niti jugoslavenski komunistički totalitarni režim jednostavno ne postoje. Zatim proizvode laž o tome da u Hrvatskoj djeluje samo jedan totalitarizam (ustaški/fašistički), premda ga objektivno nema. Budući da ga već odavno nema, dežurnim su im fašistima postali hrvatski branitelji i svi koji su stvarali modernu Republiku Hrvatsku. Pod krinkom obračuna s ustaškim totalitarizmom hrvatski judeki i yudeki u Hrvatskoj obračunavaju se zapravo s demokratskom državom.

Gotovo svakoga dana vozim se pokraj jedne osnovne škole, nedavno lijepo obnovljene. Na ulazu u školsko dvorište nalazi se visoki obelisk. Na vrhu je nasađena poveća crvena petokraka, ona pod kojom su agresori ušli u okupirani Vukovar. Osnovna škola nalazi se svega nekoliko kilometara udaljena od velike neistražene grobnice u koju su bez presude i evidencije pobacane likvidirane žrtve crvene komunističke totalitarne petokrake. Grobnica nije istražena. Nigdje u Hrvatskoj nisam vidio obelisk s rogatim U u dvorištu neke škole, jer ga nema. Poznato je, međutim, da se spomenici dižu i četnicima upravo s onim simbolima pod kojima su ustali protiv ustavno pravnoga položaja demokratske Republike Hrvatske i izvršili zločin protiv mira, te iza sebe ostavili, među ostalim, više od 150 masovnih grobnica u Hrvatskoj. Kao i partizani 1945./46.

To je kontekst, ta dva nelustrirana totalitarizma, koji je uklonio zakonito postavljenu spomen ploču hrvatskim braniteljima u Jasenovcu. Riječ je o nasilju, nezakonitoj devastaciji ne samo spomena na poginule i masakrirane hrvatske junake koji su poginuli u obrani Domovine od velikosrpskoga i jugokomunističkoga totalitarizma, već i o potkopavanju temelja države i to od strane onih koji su krivi za smrt i masakriranje hrvatskih branitelja. Poruka je totalitarno jasna: Fašist je onaj koji brani Hrvatsku, a kriterij je teorija i praksa jugokomunizma. Hrvatska je manje hrvatska na zapišanim područjima velikosrpskih i jugokomunističkih mitova u funkciji provedbe totalitarizma.

Vlast koja to ne razumije, ne može biti hrvatska. Vlast velikosrpskoga četničkoga totalitarizma i jugoslavenskoga komunističkoga totalitarnoga režima može biti samo totalitarna. Narečeni totalitarizmi preživjeli su „tranziciju" i iskoristili je, dok su za dom spremni ginuli, za zauzimanje povlaštenih pozicija s kojih mogu upravljati procesima, državom i narodom. Prihvatili su milost abolicije hrvatske države, spriječili zakonitu i civiliziranu lustraciju društva od ostataka i slugu jugokomunističkoga režima, opljačkali što se opljačkati može, zadužili državu, osiromašili narod, uništili selo, proizveli takve odnose koji potiču etničko čišćenje Hrvata iz Hrvatske, te mimo ikakvoga zakona lustrirali demokratske snage, žive i mrtve, spremne braniti i graditi dom. Time su postigli ciljeve oba totalitarizma: Što slabija Hrvatska, sve do njezina novoga „prisajedinjenja".

Reakcija hrvatskoga čovjeka na nametnuto bolesno stanje dogodit će se bez obzira na to što su se oba totalitarizma udružila i okružila stručnjacima za općenarodnu obranu i društvenu samozaštitu njihova bratstva i jedinstva. Ne daj Bože dugo čekati. Ipak, treba upozoriti, da će oni koji će se prihvatiti rehabilitacije hrvatskoga društva, odmah biti etiketirani kao „fašisti" i premreženi ubačenim agentima. Stoga, neka se dobro pripreme na teorijskom planu i u startu odbace desničarski romantizam i prihvate se političkoga realizma (poput Orbana) na crti Starčević – Radić – Stepinac - Tuđman. Bez temeljite analize i jasne sinteze, bez jedinstva domovinske i iseljene Hrvatske, bez jasno definiranih ciljeva politički boj (nedvojbeno je pred nama) za demokratsku Hrvatsku suprotiv obnovljenim nam totalitarizmima, bit će osuđen na neuspjeh.

(hkv.hr, 08. rujna 2017.)

Za dom: Što je sve u Hrvatskoj kompromitirano

Predstavnici i sluge rehabilitiranoga velikosrpskoga i jugokomunističkoga totalitarizma ovih se dana natječu u traženju prihvatljivoga argumenta, ili barem fraze, kojom bi dodatno obezmužili (kastrirali) Hrvatsku, ponizili Hrvate i njihovu ideju o samostalnoj, demokratskoj i održivoj državi. Tako smo čuli da je primjerice za dom spremni – „kompromitiran". Vjerojatno se misli da je kompromitiran četverogodišnjim ustaškim režimom. No, je li taj pozdrav dekompromitiran u osmogodišnjem Domovinskome ratu?

Naravno da jest, jer su ga koristili antifašistički branitelji protiv koalicije velikosrpskoga i jugokomunističkoga agresora. Što može biti sporno kad se hrvatski antifašist za dom spreman bori protiv bilo kojega fašizma, pa i velikosrpskoga i jugokomunističkoga? Biti za dom spreman ne znači biti fašist, već upravo - za dom spreman. Vladajući poručuju: Možete biti za dom spremni branitelji, ali ne javno, već u svoja četiri zida, a još bolje na trajnom privremenom radu u inozmestvu.

S hrvatske strane zagana nastaje u jugokomunističkom neprihvaćanju činjenice da je Domovinski rat temelj hrvatske države. Sa velikosrpske strane problem je bolesno iracionalan. Početkom rujna definirao ga je ministar vanjski poslova Srbije Ivica Dačić kazavši da su priče o velikosrpskoj agresiji na Hrvatsku velika laž. Ako nema velikosrpske agresije (fašizma), ne postoji ni Domovinski rat (antifašistički), ako nema agresije, nema ni obrane od nje – već ima bezrazložnoga „protjerivanja Srba". Ako je agresija laž, onda je i Domovinski rat velika laž. I tako ukrug.

I u taj se konstrukt sada ugrađuje selektivna teza o hrvatskoj kompromitiranosti. Intencija joj je, da je Domovinski rat – kompromitiran, ne samo nepotreban. Ako je on kompromitiran, onda je i hrvatska država trajno, „oduvek i zauvek", u bilo kom obliku kompromitirana. Hrvatska za velikosrpstvo i jugokomunizam nije kompromitirana jedino u slučaju kad je nema, ili je sužena do te mjere da nema izlaz na more.

Sa stajališta hrvatske države utemeljene na volji hrvatskoga naroda i na oslobodilačkom Domovinskom ratu, u Hrvatskoj je doista mnogo toga kompromitirano. Kompromitirane su sve vlade u proteklih sedamnaest godina jer su s više ili manje žara provodile teze o tome da država ne počiva na volji hrvatskoga naroda i na Domovinskom ratu. Tako i ova posljednja. Da je prihvatila te dvije osnovne činjenice problem sa spomen pločom ne bi bio problem države i naroda, već samo problem velikosrpskoga i jugokomunističkoga totalitarizma, koje ni u kojemu obliku ne treba uključivati, posebice suprotivo izbornim rezultatima, u hrvatsku vlast.

S istoga stajališta o temelju hrvatske države kompromitiran je i hrvatski proračun, jer je financirao obnovu velikosrpskoga i jugokomunističkoga totalitarizma. Kompromitiran je i Hrvatski sabor, jer je donosio odluke i zakone koji su pogodovali zagovornicima i provoditeljima teze da je srpska agresija laž, a obrana od agresije „kompromitirana". Kompromitirana su dva predsjednika, Mesić i Josipović, ali niti jedan nije procesuiran ili opozvan.

Kompromitirane su cijele stranke. SDP čuvenim izlaskom iz Sabornice u ključnome trenutku države i nacije, a HDZ izdajom Tuđmana, Radića i Starčevića. Kompromitirane su i kulturalne ustanove na proračunu. Mediji su također kompromitirani. Koliko puta su se kompromitirale samo opskurne Novosti? Kompromitirana je i „javna ustanova" u Jasenovcu, proteza velikosrpskoga mita preseljena u 21. stoljeće. Kompromitiran je, zajedno s odavno kompromitiranom EU, i kompletan Savez za Europu, koji se danas ne suprotstavlja tezi Francuske i Njemačke o Europi s više brzina, na koju Hrvati nikad i nigdje nisu pristali.

Hrvatska mora zbog etike i logike (jamcima zdrave pameti), ako se hoće „okrenuti budućnosti", odgovoriti na pitanje tko je kompromitiran tijekom velikosrpske i jugokomunističke agresije na Hrvatsku. No, umjesto odgovora, hrvatski judeki i yudeki u Hrvatskoj iznova prihvaćaju velikosrpske i jugokomunističke teze građene na krivotvorinama i mitovima. Primjerice, nedvojbeno je kontaminirana srpska stranka koju je utemeljio zločinac Goran Hadžić, međutim, ona je u državi žrtvi agresije uzdignuta na čast nedodirljivosti s praktičnom funkcijom neometanoga arbitriranja po dubini i širini političkoga prostora. Dopustiti takvo što graniči s otvorenom veleizdajom. Otud profesionalni kompromitator države i nacije danas dijeli lekcije Zagrebu o pokojnom stožernom generalu Hrvatske vojske Janku Bobetku, protiveći se ulici s njegovim imenom.

Detuđmanizatori su također kompromitirani sa stajališta hrvatske države nastale na volji hrvatskoga naroda izražene na referendumu i na Domovinskom ratu, ali su po idejnoteorijskom padu detuđmanizacije ostali neokrznuti čak i u HDZ-u. Sustavno kontaminiranje i kompromitiranje predsjednika Tuđmana i Domovinskoga rata trajna je politika velikosrpskoga i jugokomunističkoga totalitarizma.

Može li hrvatska vlast jasno reći tko je kontaminirao suživot hrvatskih Srba s Hrvatima? Je li SPC prije i tijekom agresije trajno kompromitirana crkva, ili je i dalje „kompromitirana" katolička crta koju simbolizira Stepinac jučer, Košić danas? Je li Pupovac trajno kontaminiran u slučaju lažne optužbe Hrvatske za klanje jedanaest tisuća srpske djece, ili pak u slučaju tragične sudbine dr. Ivana Šretera? Zašto je Pupovac dekompromitiran, a hrvatski branitelji za dom spremni kompromitirani i istjerani iz Jasenovca? Tko to hoće na operativnu razinu progurati tezu da su hrvatski branitelji zapravo ustaše? Peta kolona. Velikosrbi i jugokomunisti. Nitko drugi.

Pravo je pitanje: Je li Pupovac samo mirnodopska inačica Gorana Hadžića? Ako jest, onda je njegovo uključivanje u vladu ozbiljno sigurnosno pitanje! Ako pak nije mirnodopski Goran Hadžić, što ćemo s odgovornošću za laž o jedanaest tisuća poklane srpske djece? Tko mu je i zašto u ime države i naroda oprostio tu „ispolinsku" laž, koja je sa stajališta specijalnoga rata u rangu mita o 700.000 jasenovačkih žrtava? Je li cilj nezakonitoga a udijeljenoga „oprosta" obnova jugoslavenskih odnosa u Hrvatskoj?

U Hrvatskoj je u proteklih sedamnaest godina kompromitirano sve što je stvaralo, branilo, obranilo, oslobodilo i međunarodno afirmiralo hrvatsku državu. Istodobno je afirmirano sve što je bilo, jest ili nastoji biti suprotivo hrvatskoj državi. I kad bismo dosljedno prihvatili najnoviju mantru o kontaminiranosti, mi bismo već za koji mjesec, umjesto demokratskih izvanrednih izbora, mogli uspostaviti sve uvjete za građanski rat, ne samo verbalni. Jer nema države na svijetu koja prihvaća načelo kontaminiranosti da bi dosegnula vlastitu negaciju, dok istodobno hrani, abolira, konvalidira, privilegira i masno plaća profesionalne kompromitatore države i nacije. Zapravo, mirnodopske agresore.

Ako Hrvati hoće sačuvati teško izborenu demokratsku i slobodnu državu moraju napraviti četiri koraka: 1. Skinuti s vlasti velikosrpski i jugokomunistički totalitarizam; 2. Uspostaviti hrvatsku vlast odgovornu hrvatskome narodu; 3. Jednakom mjerom tretirati sve totalitarizme: Velikosrpski, ustaški i jugokomunistički; 4. Afirmirati, poticati i njegovati vrjednote na kojima počiva hrvatski identitet, te istodobno istražiti sve jame počevši od Jasenovca. (hkv.hr, 12. rujna 2017.)

Tko štiti velikosrpski totalitarizam od suočavanja s prošlošću

Akademik Zvonko Kusić, predsjednik „Vijeća za suočavanje s posljedicama vladavine nedemokratskih režima" izjavio je „da je zadaća Vijeća ograničena na razdoblje od početka Drugoga svjetskog rata do Domovinskog rata". Preskočeno je razdoblje od 1918. do 1941. kad je Hrvatska bila izložena velikosrpskom totalitarizmu. Osnovni dokumenti EU govore o potrebi suočavanja s posljedicama totalitarnih, a ne nedemokratskih režima, jer i demokratski izabrana vlast može se ponašati nedemokratski, no to još ne znači da je u pitanju totalitarni režim. K tomu europske rezolucije govore o cijelom 20. stoljeću, a ne o skraćenome. U 20. stoljeću Hrvatsku su poharala tri, a ne dva, „nedemokratska režima".

Kome odgovara da Vijeće ne raspravlja o cijelome 20. stoljeću i o sva tri totalitarizma? Zašto je službena Hrvatska ovu veliku europsku temu i cijelo 20. stoljeće svela samo na razdoblje od početka Drugoga svjetskoga rata pa do početka Domovinskoga rata? Nije li time onemogućila suočavanje države i nacije s posljedicama velikosrpskoga totalitarizma? U pitanju je krnje razdoblje, pa će i zaključci Vijeća nužno biti krnji. Nepotpuni.

Skraćivanjem prošloga stoljeća oslobođen je od suočavanja s posljedicama velikosrpski totalitarni/nedemokratski režim. I otvoren je prostor za njegovu neometanu rehabilitaciju i obnovu. Velikosrpski nedemokratski režim je ključan za razumijevanje druga dva „nedemokratska režima", ustaški i jugokomunistički. Oni nisu pali s neba, već svoju podlogu imaju upravo u velikosrpskom totalitarnom režimu. Prvi nasuprot velikosrpskom totalitarizmu, drugi s njim u tijesnoj suradnji.

Bez suočavanja s velikosrpskim totalitarnim režimom nije moguće shvatiti razlog zbog kojega je nastao ustaški pokret, posljedično i ustaški „nedemokratski" režim. On je, naime, bio reakcijom na velikosrpski totalitarni režim. Jedan od svojih vrhunaca doživio je ubojstvom Radića i haesesovaca u beogradskoj Skupštini. O velikosrpskom totalitarnom režimu postoji opsežna povijesna građa. Nedvojbeno je da je on postojao i iza sebe ostavio tragične posljedice za hrvatski narod i državu i da se s njegovim posljedicama trebamo suočiti.

Bez suočavanja s velikosrpskim totalitarnim režimom nije moguće razumjeti ni jugokomunistički „nedemokratski" režim. Upravo su metodom kopiraj-zalijepi maršal Tito i njegova totalitarna KPJ/SKH primijenili starojugoslavenski velikosrpski totalitarni odnos prema Hrvatima: Bleiburg, masovne egzekucije, politička ubojstva, raseljavanje, gospodarsko iscrpljivanje, krađa teritorija, jednoumlje, cenzura... Ponavljanje gradiva s nekim novim totalitarnim inovacijama.

Bez suočavanja s posljedicama velikosrpskoga totalitarnoga režima iz prve polovice 20. stoljeća, teško je razumjeti i temelj suvremene hrvatske države. Domovinski rat je temelj hrvatske države zato što je raskinuo s totalitarizmima i uspostavio demokratsku državu. On je bio reakcija na velikosrpski i jugokomunistički totalitarizam, koji su djelovali u sinergiji još od masovnoga prelaska četnika u partizane, pa sve do zajedničke im agresije na Hrvatsku 1991. Previše je razloga koji govore o potrebi suočavanja s velikosrpskim totalitarizmom. Bilo bi dobro čuti argumente o tome zašto je zaobiđen.

Karakteristike velikosrpskoga totalitarizma mogle su se zorno vidjeti na okupiranim područjima Hrvatske: etničko čišćenje, masovne grobnice, sveopća pljačka, kulturocid, urbocid, memoricid, Vukovar, Škabrnja... Međutim, Vijeće ni o tom razdoblju ne će raspravljati, premda agresija i velikosrpski režim uspostavljen na okupiranim područjima spadaju u 20. stoljeće. Raspravljat će se samo o vremenu „do Domovinskoga rata". Time je Vijeće iz 20. stoljeća u cijelosti izbacilo jedan nevjerojatno brutalan i teškim zločinima obilježen totalitarizam. S obzirom na porast četničkoga i velikosrpskoga ekstremizma na koji kontinuirano upozoravaju mjerodavne službe (a političari ne reagiraju) odgovorno je pretpostaviti da će taj totalitarizam, ako se s njime i njegovim posljedicama ne suočimo, u povoljnim političkim okolnostima opet podivljati.

Bilo bi žalosno da se „Vijeće za suočavanje s posljedicama vladavine nedemokratskih režima" pretvori u zaštitnika velikosrpskoga „nedemokratskog režima". Kako sada stvari stoje velikosrpski totalitarni nedemokratski režim u Hrvatskoj je nečijom političkom odlukom na pošteđi, dijelom i povlašten. Vjerojatno dotle dok se ne oporavi od „historijskih" poraza u Domovinskom ratu, kako bi ohrabren hrvatskim nesuočavanjem s njegovim zločinačkim posljedicama ponovo pokušao uspostaviti svoj „nedemokratski" režim u Hrvatskoj. Tko je, kad i gdje donio političku odluku o aboliranju jednoga totalitarizma?

Vijeće za Domovinsku sigurnost, pa i SOA, morale bi argumentirano upozoriti Vijeće za suočavanje s posljedicama vladavine nedemokratskih režima o tome koliko je važno velikosrpski totalitarizam tretirati i valorizirati jednako kao i druga dva „nedemokratska režima".

(hkv.hr, 15. rujna 2017.)

Hrvatski strateški interes: Spomenik Tepiću kao ulaznica Srbije u EU

Srbija je podigla spomenik teroristu Tepiću. Agresorove tepiće i kapetane dragane Hrvatska je pobijedila u nametnutom ratu. Potom je dopustila da ministar u agresorovoj tvorevini na hrvatskom tlu, Republici srpskoj Krajini, bude predsjednikom jedne stranke u Hrvatskoj i saborskim zastupnikom. Bila je to dobra poruka državi agresoru, da nastavi s mirnodopskom agresijom. I nastavila je ne samo u vidu podizanja spomenika svojim teroristima, već sad hoće propisivati zakone državi Hrvatskoj, za koju je bivši šef vlade Milanović izjavio da je „slučajna država". Slučajno se i u Hrvatskoj podižu spomenici i veličaju agresije, kako ona iz 1941. tako i ona iz 1991. Stvaraju se dakle uvjeti za novu agresiju.

Hrvatska danas izdašno financira beogradsku ekspozituru u Hrvatskoj. Plaća protuhrvatske Novosti, Pupovca drži kao kap vode na dlanu, njemu u korist donose se zakoni, čak i ustavni. Usput hrvatsko pravosuđe osudilo je teroristu Dragana Vasiljkovića na slobodu. Koja idila za agresore! Treba još samo razoružati Hrvatsku i evo nas na početku kraja i na kraju početka.

Osim toga hrvatski političari uopće ne spominju velikosrpski režim monarhističke Jugoslavije, srbijanski nacistički režim iz Drugoga svjetskoga rata s pokoljem Židova – uspješniji od režima NDH, kao niti dvije agresije izvršene na Hrvatsku. Glede spomenika Tepiću javili su se samo ministar Tomo Medved i zastupnik Miro Kovač, što je za Tuđmanovu stranku gotovo pa ništa. Oporba inkluzivirana u vlast nije rekla ni slova o tomu, kao ni oporba još neinkluzivirana u mandatarovu vlast.

Privilegirani se beogradski agenti više ne skrivaju, kao nekad labradorovci. Otkad je Plenković snagom monarha nametnuo inkluzivnu vladu, poredak, režim i sustav vrijednosti, beogradska se agentura razmahala kad je u pitanju kreiranje unutarnjih odnosa po mjeri poraženih snaga u Domovinskome ratu. Među žrtvama inkluzivne vlade je hrvatsko obrazovanje i obitelj, ali i nekoliko ministara, koji su dobili monarhove javne packe s elementima gaženja ljudskoga dostojanstva (Barišić, Tolušić, Murganić...).

Nedodirljiva tri kralja promiskuitetne inkluzivne politike postali su Štromar, Pupovac i Radin. Sva trojica na izborima nisu dobili glasova koliko jedan prosječan zastupnik. Kakvo je njihovo stajalište o tome da Srbija podiže spomenike ljudima koji su provodili velikosrpsku agresiju na Hrvatsku? Šutnja.

Ni riječi. A u izvršnoj su i zakonodavnoj vlasti! Pametnomu dosta.

Među ostalim i zbog odnosa prema temelju hrvatske države inkluzivizirani čimbenici na grbači hrvatskoga naroda na izborima dobili su mršavi demokratski legitimitet. No, što im je demokratski legitimitet niži, to su im veće šanse za inkluzivističko švercanje. Inkluzivističko švercanje u hrvatsku politiku, mora se priznati, maestralno je uveo aktualni Mandatar. Plenković junior, čuvar „političke stabilnosti". Upravo onako monarhistički snažno, kako je Sanader „zauvek" instalirao Pupovca na mjesto beogradskoga gubernatora Hrvatske.

Štromarčadi je prepustio obrazovanje. Pupovčadi unutarnju politiku i proizvodnju ustaša. Radinčadi Sabor iznad kojega je samo monarh. Sebi je ostavio funkciju monarha i vanjskopolitičkoga glasnogovornika, jer jedino tako može, koliko-toliko, politički figurirati doma i vani. Ako inkluzivna vlada i cijeli inkluzivni poredak nemaju službeno stajalište o tomu da agresor podiže spomenike kojima veliča agresiju na Hrvatsku, onda je legitimno pitanje u kojoj je mjeri ona hrvatskom vladom, posebice u svjetlu činjenice da po Hrvatskoj istodobno premješta legalne i zakonite spomen ploče hrvatskim vojnicima koji su otjerali tepčiće i kapetane dragane. Vlada je hrvatskom u onoj mjeri u kojoj odražava demokratski izraženu volju hrvatskoga naroda. A to je u našem slučaju – božemesačuvaj! Nula bodova.

No, u ovom trenutku inkluzivističku družinu ruši samo Bloger Ivica, koji je prethodno uspješno financijski srušio Agrokor – tko zna za čiji račun i po čijemu nalogu. Oporba inkluziviste ne ruši (osim u folklornim nastupima Bernardića), jer provode njezine politike bolje i od SDP-ove šeste najlošije vlade na svijetu prema kriterijima Svjetskoga gospodarskoga foruma.

Vrijeme je, dakle, jer nema ni pozicije niti oporbe, da narod preuzme stvari u svoje ruke i počne sam odlučivati o svojoj sudbini. U njegovo ime inkluzivna vlada, vidi se u šutnji prema spomeniku Tepiću, nije u stanju prepoznati ni osnove obrane hrvatskoga dostojanstva. Još manje su to u stanju uzeti u ozbiljno razmatranje manjine štromarčadi, pupovčadi i radinčadi, pa i do jučer povlašteni Bloger Ivica. Svi su, naime, ispali iz iste vreće u kojoj se Hrvatsku doživljava kao kravu muzaru. Objekt mužnje. A ne kao subjekt s vlastitim dostojanstvom.

Dok u poljoprivrednom tonu završavam tekstuljak, pitam se je li još aktualno toliko puta naglašeno službeno stajalište, nikad demokratski verificirano, o tomu da je hrvatski strateški interes ulazak Srbije u Europsku uniju. Sa spomenicima Tepiću i Draži, dakako. Naime, kaj, mislim si. I Hrvatska je članica EU sa spomenikom-mauzolejom ratnom zločincu Šoškoćaninu i četničkome ustanku u Srbu! Usporedno sa stvarnošću hrvatskoga naroda u njegovoj državi odvija se i jugoslavenska stvarnost, također u njegovoj državi.

Ili pak postoje neki uvjeti hrvatske države u odnosu na Srbiju vezani uz granice, ratnu odštetu i defašizaciju Srbije? Ako postoje, mogu li ih mandatar-monarh i njegova tri demokratski anoreksična kralja definirati, obrazložiti, javno reći i stati iza njih? Ako pak ne postoje, onda smo, kao državljani za domaću mužnju spremni. I bit ćemo sve dok se ne ritnemo tako snažno da ekipu za mužnju izbacimo što dalje od lijepe naše štalice i njezinih mjesta odlučivanja.

Spomenik Tepiću zalog je buduće srbijanske agresije. Kako je već najavljeno – „svim raspoloživim sredstvima" Srbija će spriječiti buduće oslobodilačke akcije Hrvatske, a to se ne može sprovesti bez inkluzivističke politike unutar same Hrvatske. Ekipa za mužnju u tome ne vidi nikakav problem i to je ključni problem Hrvatske danas.

(hkv.hr, 01. listopada 2017.)

Problemi zbog izbjegavanja dva zakona o lustraciji

Hrvatska je propustila prigodu ući u puninu demokratskoga društva, među ostalim, i zbog nedonošenja dva zakona o lustraciji i donošenja velikoga broja za državu i naciju štetnih zakona i zakonskih rupa. Trebalo je, danas je to jasno i okorjelim skepticima, donijeti zakon o lustraciji komunističkih ostataka. I trebalo je donijeti zakon o lustraciji velikosrpskih ostataka.

Prvi je zakon dva puta uspio doći do Hrvatskoga državnoga sabora na prijedlog Hrvatske stranke prava, ali je uspješno skinut na prijedlog Hrvatske demokratske zajednice. Umjesto toga na europskim standardima utemeljenoga zakona uslijedio je nedemokratski progon hrvatskih branitelja, detuđmanizacija i lex Perković. Riječju, diktatura proletarijata, kako bi izvorno rekli komunisti. A HSP je izgurana iz Sabora.

Drugi nasušno potreban zakon o lustraciji velikosrpskih ostataka u hrvatskome društvu nije uspio doći ni do Hrvatskoga državnoga sabora, kamoli Hrvatskoga sabora, niti ga je, koliko mi je poznato, predložila ijedna stranka. Umjesto njega Hrvatska je, međutim, pokazala izuzetnu milost mazohističkim Zakonom o aboliciji rušitelja ustavnopravnoga položaja države (de facto – terorista!), te donošenjem takvih zakona pomoću kojih je, primjera radi, SDSS, stranka koju je utemeljio velikosrpski ratni zločinac, postala ključnim čimbenikom opstanka hrvatske vlade i glavni arbitar unutarnjih političkih gibanja.

Nedonošenje potrebnih zakona i donošenje nepotrebnih zakona hrvatska je država od strane političkih stranaka i njihovih instant elita dovedena na sam rub opstanka, jer su njihovim zakonodavnim politikama stečeni uvjeti za rehabilitaciju dva totalitarizma koja su tijekom 20. stoljeća skoro 70 godina vladala Hrvatskom, što zasebno, što u strateškom partnerstvu. Od 1918. do 1941. i od 1945. do 1990., odnosno 1998., kad je završen proces mirne reintegracije hrvatskoga Podunavlja. U 20. stoljeću Hrvatska u cijelosti nije bila pod velikosrpskim i jugokomunističkim totalitarnim režimom u razdoblju od 1900. do 1918. i od završetka mirne reintegracije do 3. siječnja 2000., kad je počela rehabilitacija ostataka velikosrpskoga i jugokomunističkoga totalitarizma.

Posljedice su strahovite. Hrvatska je na začelju Europske unije prema svim relevantnim pokazateljima ključnim za sadašnjost i budućnost, istodobno, ona je „lokomotiva Zapadnoga Balkana" iz koje masovno bježi domicilno stanovništvo. Stvaranje takvih uvjeta u kojima Hrvatu u Hrvatskoj više nije moguće živjeti životom dostojnim čovjeka ne može se nazvati hrvatskom politikom, jer je protuhrvatska.

Stvar je kulminirala preslagivanjem izbornih rezultata posljednjih državnih izbora. Mandatar se odrekao prvotnoga koalicijskoga partnera i umjesto njega u vladu uključio stranku utemeljenu po velikosrpskom ratnom zločincu i stranku predvodnicu procesa detuđmanizacije. Time su procesi nedonošenja potrebnih zakona i donošenja nepotrebnih zakona dosegnuli vrhunac preuzevši izvršnu i zakonodavnu vlast.

Jedan krak kliješta koja trgaju u Domovinskom ratu uspostavljenu demokratsku Hrvatsku čine totalitarni čuvari tekovina komunističke revolucije – navodno su postali liberalima bez obzira na stranačku pripadnost, a drugi krak se drži beogradske politike na crti Virovitica – Karlovac – Karlobag. Oba se kraka krinkaju „antifašizmom", pretvarajući Hrvatsku u veliki fašnik.

Prvi krak vuče za nos hrvatski narod džepareći ga i kradući mu budućnost, drugi krak priprema uvjete za novu agresiju „svim raspoloživim sredstvima". Izlaz iz hrvatske priklještenosti bit će bolan za oba obnovljena totalitarizma. Kad se dogodi više ne će držati vodu priča o pomirbi nepomirljivoga, ispraznica o potrebi zaboravljanja prošlosti, gluposti o potrebi inkluzivizma radi stabilnosti, kao ni aboliranja terorista i nelustriranja ideologa i slugu ostataka jugokomunističkoga i velikosrpskoga totalitarizma.

Tek tada Hrvatska će na unutarnjem planu postati državom u punom smislu te riječi. Do tad nam je trpjeti i stvarati uvjete za još jedan demokratski pokret hrvatskoga naroda uz pomoć kojega ćemo se osoviti na noge iz sadašnjega stava – glavu dolje, ruke na leđa. Važno je spoznati da smo opet suočeni sa sofisticiranim oblicima dva totalitarizma, koji u sinergiji postaje sve tvrđim.

U tom pogledu, dođe li do najavljenoga referenduma o izmjeni protuhrvatskoga izbornoga zakonodavstva prilagođena obnovi ostataka narečena dva totalitarizma, treba ga poduprijeti svim srcem, pameću i dušom. Srcem zato, jer dok je srca bit će i Kroacije. Pameću zato, jer bez nje srce u objektivnom svijetu ne može ništa promijeniti. I dušom zato, jer samo vlastitim snagama uz pomoć Božju možemo Hrvatsku učiniti hrvatskom. Sve druge alate neodgovorno smo ispustili iz ruku.   (hkv.hr, 03. listopada 2017.)

Više država u jednom jugoslavenskom društvu

Autori "europskoga Vučića", naime, "očarani su ispraznom vjerovanjem u nezaustavljiv napredak" Zapadnoga Balkana. Kakav se napredak može očekivati kad četnika stavite na europski pijedestal? Napredak unatrag. Ili nastavak kružnog tijeka povijesti srpskih poredaka na prostoru jugoistočne Europe. To znači da su kreatori floskule "ogrezli u predrasudama, praznovjerju i ignoranciji, zaslijepljeni ispraznim, nametljivim vizijama utopijske budućnosti, oni refleksno guše svako drukčije mišljenje".

Sporazum o normalizaciji odnosa ili sporazum o jačanju regionalne suradnje?!

Mnoge je iznenadio poziv Predsjednice Republike Hrvatske upućen srbijanskome predsjedniku da dođe u službeni posjet Hrvatskoj, kojega je Vučić istoga trena javno prihvatio. Brzina dogovorena susreta upućuje na zaključak kako je posjet, ili već ranije dogovoren, ili je do njega došlo po zapovijedi moćnijih igrača od dvoje predsjednika. Strjelice upućene prema predsjednici Grabar-Kitarović zbog poziva Vučiću previđaju nekoliko važnih detalja, koji moguće upravljaju njezinim odlukama. A u detaljima se skriva vrag.

Pretpostavimo da su gazde Zapadnoga Balkana odlučile kako je upravo sada pravi trenutak za Vučićev dolazak u Hrvatsku. Bilo naroda kaže sasvim suprotno i Predsjednica je sigurno s time upoznata. Ipak je odlučila pozvati Vučića čime si izravno dovodi u pitanje drugi mandat. Bit će da je posrijedi nešto puno značajnije od drugoga mandata. Što bi to moglo biti?

Potpuno je jasno da će Vučić i poslije posjeta Zagrebu, na osobnoj razini ostati obrijanim četnikom koji je sudjelovao u agresiji na Hrvatsku. Nije problem u njemu, uostalom, 1995. Hrvatska je zauvijek riješila četničko pitanje. U pitanju je, ne spašavanje četnika Vučića, već moguće spašavanje projekta Zapadni Balkan i Beograda kao njegove središnje točke. Projekt Velike Britanije i Europske unije pokazuje sve više slabosti i vlastitu neodrživost. Ništa ne rješava, a probleme usložnjava.

Poznato je da su Hrvati lojalni svojim partnerima, saveznicima. Predsjednica je pozivom Vučiću pokazala lojalnost Zapadnome Balkanu, mogla je na brzaka pozvati recimo Orbana. Ali, nije. Treba li joj to zamjeriti? I da, i ne. Niti je ona uspostavila ZB, niti je u svoj program ugradila njegovo rušenje. Ona ispunjava obveze koje su njezini prethodnici prihvatili kao integralni dio državne vanjske politike. A ona je odavno nesuverena i zapadnobalkanska.

Kad je Hrvatska sa SR Jugoslavijom godine 1996., prije prihvaćanja zapadnobalkanske strategije, zaključila Sporazum o normalizaciji odnosa između Republike Hrvatske i Savezne Republike Jugoslavije (potpisali su ga Mate Granić i Milan Milutinović), a Zastupnički dom Sabora ga je 20. rujna 1996. potvrdio, malo je tko mogao vjerovati da će on ostati mrtvo slovo na papiru i da će ga ubrzo zamijeniti zapadnobalkanske magle s pripadajućom strategijom. Sporazum je u prvi plan stavio sva otvorena pitanja između Zagreba i Beograda. Beograd je tim Sporazumom priznao poraz velikosrpske politike i agresije u Hrvatskoj.

Prema Sporazumu trebalo je bez odgode ubrzati proces rješavanja pitanja nestalih osoba; proglasiti oprost za djela počinjena u svezi s oružanim sukobima u što nisu uključene najteže povrede humanitarnoga prava (ratni zločini), sporazumjelo se i oko toga da će se međusobno sukladno međunarodnome pravu poštivati suverenost, teritorijalna cjelovitost i neovisnost, da će se osigurati uvjete za slobodan i siguran povratak izbjeglica i prognanika, da će u roku od pola godine, ovo je važno i ključno – sklopiti sporazum o naknadi za svu uništenu, oštećenu i nestalu imovinu. Srbija je slijednica SRJ. Prošlo je od Sporazuma 22 godine.

Nijedan predsjednik Republike Hrvatske nije na planu sklapanja sporazuma o naknadi za imovinu napravio ništa. Ako na susretu Grabar-Kitarovićeve i Vučića dođe do potpisivanja toga sporazuma, ili barem do njegova parafiranja, onda će se Predsjednica Republike odmaknuti od pogubnih politika predsjednika Mesića i Josipovića. Ako li pak ne bude taj sporazum niti spomenut, onda je jasno da se i Kolinda Grabar-Kitarović rukovodi istim načelima kao i njezina dva prethodnika. Zapadnobalkanskim.

Pitanje ratne odštete nije zapadnobalkansko pitanje, već hrvatski nacionalni interes. Službena procjena mjerodavne državne komisije o iznosu ratne odštete svojedobno je došla do 37.119.679.000 USD. To je tema za koju bi i Srbija morala biti zainteresirana, budući da njezin ulazak u EU bez rješavanja pitanja ratne odštete, službena Hrvatska ne može dopustiti a da ne odsklže u veleizdaju. Ne radi se o ucjeni Srbije. Radi se o ratnoj odšteti nastaloj zbog velikosrpske agresije, koju je Beograd potpisavši Sporazum godine 1996. priznao. Srbija takav račun Hrvatskoj ne može poslati, jer je rat vođen na međunarodno priznatom teritoriju Republike Hrvatske. Plaćanje ratne odštete vodi prema normalizaciji i međusobnom povjerenju dvije države. Neplaćanje vodi u ponavljanje povijesnih zabluda i sa srbijanske i s hrvatske strane.

Drugo prioritetno pitanje iz Sporazuma odnosi se na poštivanje suverenosti i teritorijalne cjelovitosti. Srbija ne poštuje Sporazum, tj. hrvatsku suverenost i teritorijalnu cjelovitost budući da prisvaja vukovarske i šarengradske ade, područja Kenđije i Karapandža..., pa se može smatrati da ne odustaje od teritorijalnih pretenzija na hrvatski teritorij. U pitanju je dakle državna granica. Što će na tom planu donijeti susret Predsjednice s Vučićem? Ne donese li ništa, sa stajališta hrvatske zdrave pameti, poziv i susret predstavljati će pucanj u ništa. No, moguće je da će sa stajališta provedbe strategije Zapadnoga Balkana, donijeti nekakve plodove i biti od koristi stratezima ZB-a.

Moguće je da će Vučić obećati kako će vratiti nekoliko ukradenih umjetnina, dati podatak o dvije-tri nestale hrvatske osobe u srbijanskim konclogorima, kako bi se izbjeglo raspravljati o biti stvari – granicama i ratnoj odšteti. Na taj način bi se nastavio zapadnobalkanski (neojugoslavenski) način rješavanja otvorenih pitanja. Hrvatska predsjednica, ako hoće opravdati poziv Vučiću, mora na stol staviti posadašnjenje Sporazuma o normalizaciji. Točku po točku, članak po članak. Sve ostalo je sa stajališta hrvatskih nacionalnih interesa luk i voda.

Sporazum iz 1996. predstavlja jedini solidan temelj za Hrvatsku i Srbiju u jačanju međusobnoga povjerenja i tolerancije, u pitanju mira, stabilnosti i razvitka u regiji, kako i piše u samome Sporazumu. Na njemu treba graditi i susret s Vučićem. Ne na Pupovčevim provokacijama, srbijanskim izložbama, izjavama o „ustaškom vikaru" i sličnim slijepim kolosijecima. Može li se Predsjednica uzdići na tu razinu, ili će ostati na razini žabljih perspektiva Mesića i Josipovića?

Kad je riječ o zapadnobalkanskome luku i vodi na kojima su Mesić i Josipović gradili odnose sa Srbijom, onda se moramo prisjetiti kako se razvijala zapadnobalkanska strategija koju su provodili u Hrvatskoj svi demokratski legitimiteti bez ostatka, počevši od Račana i Mesića. Nasuprot Sporazumu o normalizaciji odnosa iz 1996. stoji čitav niz dokumenata i inicijativa, cijela jedna zapadnobalkanska mašinerija s pripadajućom industrijom za proizvodnju pristanka. Predsjednica mora odlučiti hoće li služiti Sporazumu ili zapadnobalkanskim maglama.

Kronologiju strategije Zapadnoga Balkana pregledno je izložila Zdravka Bušić, danas državna tajnica Ministarstva vanjskih poslova, krajem 2009. godine na tribini Hrvatskoga kulturnoga vijeća. Pođimo redom: Zapadni Balkan nije izmišljotina populista, euroskeptika ili eurofoba, već „ozbiljan projekt međunarodne zajednice, koji je zapisan u brojnim dokumentima i koji se već ostvaruje kroz vrlo konkretne projekte u kojima Hrvatska odavno sudjeluje". Hrvatska i Srbija dio su projekta ZB-a. Odatle i moja bojazan da je poziv i susret s Vučićem moguće na tragu toga projekta međunarodne zajednice, tj. da će se u razgovorima zapravo rješavati „regionalna pitanja", umjesto normalizacije odnosa.

A sad Zdravka Bušić: „Pogledate li internetske stranice Europske unije, možete vidjeti da su od 1998. godine do danas mnogi dokumenti naslovljeni "Zapadni Balkan", i u njima su države svedene na puke podregije tog Zapadnog Balkana. I dok se službena vlast trudi pod svaku cijenu prikriti naznake koje bi ukazivale na novo balkansko zajedništvo, službeni EU dokumenti i razvoj događaja dokazuju da se strategija Zapadnog Balkana već uspješno ostvaruje".

- U travnju 1997. Opći savjet Europske unije donio je Politiku regionalnog pristupa za zemlje Zapadnog Balkana (termin koji označava zemlje bivše Jugoslavije bez Slovenije, s Albanijom). Naglasak je na kolektivnom pristupu.

- U ožujku 1999., nama dobro poznatim Procesom stabilizacije i pridruživanja Europska komisija želi stabilizirati cijelo balkansko područje.

- Proces stabilizacije i pridruživanja zemalja jugoistočne Europe iz svibnja 1999., govori isključivo o regionalnom pristupu i „zajedničkoj strategiji".

- U svim svojim izvješćima Europska unija točno određuju zemlje Zapadnog Balkana, a u političkom smislu Zapadni Balkan predstavlja strogo određenu vanjsku politiku Unije prema tim zemljama, ili "regionalni koncept za zemlje Zapadnog Balkana".

- Oformljen je SECI, kao svojevrsna asocijacija zemalja jugoistočne Europe, koji se transformirao u Pakt za stabilnost jugoistočne Europe, da bi zatim SEECP - Proces suradnje u jugoistočnoj Europi, preuzeo funkcije Pakta za stabilnost.

- U okviru vijeća ministara Europske unije osnovano je posebno regionalno povjerenstvo Vijeća ministara za Zapadni Balkan. Ono se redovito sastaje i objavljuje dokumente o Zapadnom Balkanu, kao cjelini.

- Europska Komisija objavljuje godišnja izvješća postignutog makroekonomskog i strukturalnog razvoja "regiona" (što nam je dobro poznato jer uvijek nestrpljivo očekujemo ta izvješća kako bismo vidjeli jesmo li dobili prolaznu ocjenu).

- U studenom 2000. godine u Zagrebu je održan Zapadnobalkanski summit Europske unije, koji je radi ublažavanja naboja koji izaziva termin zapadnobalkanski preimenovan u "Zagrebački sastanak na vrhu". U Završnoj izjavi stoji: „Od sada se šefovi država i Vlada pet zemalja (Albanije,

Makedonije, Bosne i Hercegovine, Hrvatske i Jugoslavije) (...) obvezuju da će između svojih država sklopiti sporazume o regionalnoj suradnji koji predviđaju politički dijalog, regionalno područje slobodne trgovine" i drugo.

• Polazeći od tih obveza, predsjednik Republike Mesić i kasniji predsjednik Vlade Sanader višekratno su izjavljivali da „Hrvatska neće bježati iz regije". Ako kasnije pažljivo slijedimo njihove aktivnosti, vidljivo je da su odano i marljivo izvršavali zadane ciljeve.

• Krajem travnja 2001. godine Bruxelles je za zemlje Zapadnog Balkana "dizajnirao" Ugovor o stabilizaciji i pridruživanju. Godinu kasnije osnovana je Inicijativa Europske stabilnosti (ESI), kao neovisni i neprofitni istraživački i politički institut, koji će dublje analizirati politička pitanja vezana za jugoistočnu Europu.

• 2003. godine, tadašnji premijer Ivo Sanader nastavio je politiku združivanja regije i još ju više ojačao stvaranjem parlamentarnog „Saveza za Europu".

• „Regionalnu suradnju" Sanaderova je Vlada okrunila uspostavom Zapadnobalkanske zone slobodne trgovine pod imenom Nove CEFTA-e (Srednjoeuropska zona slobodne trgovine).

• U lipnju 2003. godine u Sarajevu je održan Sastanak ministara vanjskih poslova Procesa za suradnju u Jugoistočnoj Europi (SEECP)

• Također u lipnju 2003., u Grčkoj je održan Solunski summit, na kojem Europska unija zajedničkom deklaracijom potvrđuje jasnu perspektivu članstva za Hrvatsku, BiH, Srbiju i Crnu Goru, Makedoniju i Albaniju, kao što je definirano Rezolucijom Vijeća sigurnosti UN - dakle kao kolektiva. Prihvaćena i Solunska agenda za Zapadni Balkan, dokument kojim se definiraju prioritetni reformski koraci u približavanju Europskoj uniji pet zemalja iz Procesa stabilizacije i pridruživanja (Hrvatska, BiH, Srbija i Crna Gora, Makedonija i Albanija).

• Europsko vijeće je ponovilo svoju odlučnost da u potpunosti i djelotvorno podupre europsku perspektivu zemalja Zapadnoga Balkana i izjavilo da „će zemlje Zapadnoga Balkana postati sastavni dio Europske unije nakon što zadovolje utvrđene kriterije". Predstavljeni su programi Zajednice Zapadnog Balkana, čime su ustanovljeni okviri i pravni temelji za sudjelovanje pojedinaca ili institucija iz zemalja Zapadnog Balkana u programima Zajednice.

• Od 2007. godine zemljama Zapadnog Balkana dana je prilika za nastavak uključivanja u zajedničke projekte, primjerice u područjima poput okoliša, energije i transporta, istraživačkog rada, kulture, medija i drugih. Regionalna suradnja dodatno je osnažena uspostavom određenog broja raznih centara u samoj regiji.

• Koncem prosinca 2006. godine Vlada Ive Sanadera, u Bukureštu je potpisala zapadnobalkanski sporazum o slobodnoj trgovini s Albanijom, Bosnom i Hercegovinom, Makedonijom, Moldavijom, Crnom Gorom, Srbijom i civilnim upraviteljem UN na Kosovu. Sporazum je predstavljen kao Nova CEFTA (Srednjoeuropsko područje slobodne trgovine). Međutim, u pozadini je uvijek jedan cilj: jačanje zadane regionalne suradnje. Ovo su samo oni ključni dokumenti i slijed događanja koji jasno ukazuju na razvoj strategije Zapadnog Balkana" – kazala je Zdravka Bušić na tribini HKV-a godine 2009.

Ne ulazeći dublje u možebitne motive i razloge koji su doveli do poziva Vučiću i njegova brzopoteznoga prihvaćanja, može se zaključiti da je Vučiću i te kako stalo do susreta. Njegovi motivi su zapadnobalkanski, vjetar u leđa daje mu A. Merkel. A kakvi su motivi Predsjednice vidjet ćemo po plodovima susreta. Nedvojbeno je da se Predsjednica pozivom izložila i bez klizaljki stala na led. Od pada na domaćem terenu mogu je spasiti samo konkretni plodovi na temelju Sporazuma iz 1996. To će teško ostvariti. Prvo, zato jer Vučiću nije interes provedba Sporazuma o normalizaciji i drugo, zato jer konkretizaciju problema vodi vlada, koja, izgleda nije bila uključena u donošenje odluke o pozivu srbijanskome predsjedniku.

Za kraj potrebno je prenijeti već djelomično citirani povijesni podsjetnik. U trećoj točki Završne deklaracije Zapadnobalkanskoga summita (Zagreb, studeni 2000.) navedene su zapovijedi zapadnobalkanskim legitimitetima, kojih se u određenoj mjeri mora pridržavati i Predsjednica Republike: „Od sada, šefovi država i Vlada pet zemalja (Albanije, Makedonije, Bosne i Hercegovine, Hrvatske i Jugoslavije) na koje se proces odnosi obvezuju se da će između svojih država sklopiti sporazume o regionalnoj suradnji koji predviđaju politički dijalog, regionalno područje slobodne trgovine, kao i blisku suradnju na području pravosuđa i unutarnjih poslova, posebice radi jačanja sudstva i njegove neovisnosti, borbe protiv organiziranog kriminala, korupcije, pranja novca, ilegalnog useljavanja, trgovine ljudima i svakog drugog krijumčarenja. Ti sporazumi bit će ugrađeni u sporazume o stabilizaciji i pridruživanju kako se oni budu sklapali s Europskom unijom. Šefovi država i Vlada pet dotičnih zemalja istaknuli su važnost koju pridaju obuci policajaca, sudaca i jačanju kontrole granica". Sasvim je moguće da je zapadnobalkanska deklaracija pokopala Sporazum iz 1996., što onda objašnjava i zašto do danas nije proveden.

Ključno je, dakle, pitanje vezano uz temeljni pristup odnosima Hrvatske i Srbije. Je li taj pristup dio zapadnobalkanske propuh strategije, ili je sastavni dio realne politike provedbe Sporazuma o normalizaciji odnosa između Republike Hrvatske i Savezne Republike Jugoslavije. Za Hrvatsku je svakako bolje da u odnosima sa Srbijom insistira na potpisanom Sporazumu. Riječ je o bilateralnom pitanju dviju suverenih država, a ne o zapadnobalkanskome pitanju. Zapadni Balkan, naime, u objektivnome svijetu ne postoji baš kao ni Istočni. Hrvatska i Srbija, međutim, postoje i za obje je države bolje da izađu iz magle i urede svoje odnose na načelima zaključenoga Sporazuma. K tomu, otvoreno je pitanje koliko se uopće Sporazum iz 1996. uklapa u fantomsku strategiju Zapadnoga Balkana i obrnuto.

Predsjednica Republike je na ozbiljnijem ispitu negoli se to na prvi pogled čini. I da, zaboravih pohvaliti Pupovca. Potpuno je u pravu kad kaže da je nerazumno tražiti od Vučića ispriku (luk i vodu). Razumno je tražiti od Srbije plaćanje ratne odštete.

(hkv.hr, 02. veljače 2018.)

Stepinčevo u ozračju dolaska Aleksandra Vučića

Kad je u lipnju 2015. srbijanski šef vlade, danas predsjednik Srbije, Aleksandar Vučić, pokušao braniti izjavu o „ustaškom vikaru" svojega ministra Aleksandra Vulina izrečenu u Jadovnu, rekao je „ako mislite u Srbiji ili među Srbima propagirati Alojzija Stepinca kao sveca ta propaganda ne će proći." Bio je to njegov prilog normalizaciji odnosa, sasvim na tragu uhodane politike SPC i Srbije. Nije tad mogao ni sanjati kako će baš uoči Stepinčeva 2018. dobiti službeni poziv za posjet Hrvatskoj do kojega će doći samo dva dana poslije blagdana kojim katolici slave život, smrt i uskrsnuće blaženoga i budućega sveca Alojzija Stepinca. Uzora odnosa prema svim totalitarizmima s kojima se susreo.

Pojašnjavajući razlog poziva Vučiću predsjednica Kolinda Grabar-Kitarović, među ostalim, kazala je kako želi spriječiti eskalaciju „verbalnoga rata". U posljednje vrijeme nije riječ o verbalnome ratu, već o verbalnoj (i djelatnoj) vanjskopolitičkoj agresiji Srbije na Hrvatsku. Za definiciju rata potrebne su najmanje dvije strane. S hrvatske strane, s razine zakonodavne, izvršne, pravosudne i predsjedničke razine izostala je obrana od agresije. Rata, dakle, nema.

Dolazak Vučića u Zagreb baca tamnu sjenu na blagdan Stepinčeva. Ako je njegov dolazak planiran ranije, nije dobro planiran. Ako je susret iznuđen, trebalo ga je odgoditi barem za kraj veljače. Bilo hrvatskoga naroda većinski kuca Stepinčevim srcem. Nije razumno predstavnika ključnoga negatora Stepinčeve svetosti dovoditi u Hrvatsku na blagdan Stepinčeva. Kad je Stepinac u pitanju Srbija sa SPC-om svojim negativističkim mitom o Stepincu kod Hrvata izaziva srčanu aritmiju. Odavno. Desetljećima. Primjerice, još od prije Drugoga svjetskoga rata, kad su nastojale spriječiti konkordat s Vatikanom i kad su bile zagovornice i kliconoše antisemitizma u monarhističkoj Jugoslaviji. Izgleda kako je režim u Hrvatskoj kolektivno „zaboravio prošlost i okrenuo se budućnosti" na „europskom putu", koji je prepjevan u zapadnobalkansku strategiju. Stoga, više nije u stanju racionalno reagirati čak niti prema povijesno dokazanom neprijatelju.

Tijekom Drugoga svjetskoga rata Srbija i SPC raširenih ruku dočekale su njemačku vlast, veličajući Hitlera i njegov poredak, klanjajući mu se u nadi da će im podariti veliku Srbiju. Tužakali su Hitleru da Hrvatska ne provodi u dovoljnoj mjeri antisemitsku politiku. Srbija je pak s nagovorom i blagoslovom

SPC temeljito progonila, ponižavala, pljačkala i likvidirala Židove. Samo na području Beograda za tu je svrhu srbijanski režim utemeljio četiri logora. U njima su sustavno ubijali Židove, od trudnica, majki s malodobnom djecom, pa do staraca. Prije toga Židovima je srbijanska propaganda oduzela ljudskost na isti način kako režimski Frljić oduzima danas ljudskost Hrvatima samo zato što su Hrvati. Poznat je i srbijanski patent, pokretni blindirani kombi – plinska komora.

Uoči i za vrijeme Drugoga svjetskoga rata u Hrvatskoj je Stepinac djelatno pomagao Židovima. Tijekom rata i Srbima ugroženima od ustaške vlasti. Već tada su ga SPC i Srbija, ne obazirući se na vlastito sudjelovanje u holokaustu, prozivale da je „ustaški vikar" i zločinac. Velikosrpska politika i taktika potpuno su iste u ratnim i mirnodopskim uvjetima, u totalitarno jugoslavenskim ili u demokratskim okolnostima. Hrvatski režim, međutim, još je pod utjecajem jugoslavenskoga bratstva i jedinstva na velikosrpski način. Utoliko je manje hrvatski.

I danas svoju vanjsku politiku prema Hrvatskoj Srbija gradi na snaženju mita o Jasenovcu, na negaciji Stepinčeve svetosti i povijesne uloge, na zamjenama teza, promoviranju protuhrvatskih laži i instrumentalizaciji srpske nacionalne manjine u Hrvatskoj. Prva i osnovna teza srbijanskoga odnosa prema Hrvatskoj je bolesno jasna – Hrvati su genocidan narod. I „amin". Hrvatska se, nažalost, uopće ne da obavijestiti o tome, kamoli definirati trajnu politiku prema Srbiji, koja bi odgovarala na ovakve izazove. Međusobni susreti na najvišim razinama koristili su se u posttuđmanovskom razdoblju za koještarije i „izvinjenja". Štoviše, često puta svojim potezima hrvatski režim hrani velikosrpsku politiku prema Hrvatskoj.

Postoji cijeli hodogram koji dokazuje kako je riječ o sustavnoj politici. Režim je pristao na guranje pod tepih Sporazuma o normalizaciji odnosa iz 1996. Potom je zajamčio tri saborska zastupnika SDSS-u – stranci koju je utemeljio velikosrpski ratni zločinac. Onda je taj i takav SDSS postao čimbenikom koalicijskih vlada - vlast. Počela je amnestija zločina i istodobna osuda hrvatskih branitelja. E, onda je krenulo u smjeru da Hrvatska plaća ratnu odštetu sudionicima agresije na Hrvatsku (što se naziva program povratka izbjeglica, da se Hrvati ne dosjete jadu). Čimbenicima vlasti postali su djelatni agresori. Iz proračuna se obilno financira protuhrvatska propaganda... Velikosrpska politika u Hrvatskoj nema nikakve šanse, ako u Hrvatskoj nema petokolonaše. A ima ih, ima.

I onda, s tim i takvim unutarnjim okolnostima u režiji režima, došlo je do srbijanske izložbe u UN-u kojom se na globalnoj razini propagira srbijanski, sad više ne velikosrpski, već upravo srbijanski jasenovački mit s uključenom negacijom Stepinca. Izravan krivac za to nedjelo jest i hrvatski režim. Onaj režim koji na unutarnjemu planu financira filmove kojih se ne bi posramio ni velikosrpski propagandni stroj, kazališne predstave kojih se ne bi posramila ni Hitlerova antisemitska mašinerija. Zašto režim nije potaknuo objektivno, znanstveno istraživanje Jasenovca? Zar, zato da Srbija i u 21. stoljeću može razvlačiti jasenovački mit i tezu o genocidnome hrvatskome narodu?

I tako smo došli do „verbalnoga rata", kojega je s čeke na Pantovčaku, uočio savjetnički gremij predsjednice Republike Hrvatske. Rata, kojega pozivom Vučiću uoči Stepinčeva, Predsjednica želi ukinuti. Rata, međutim, nema. Čak ni verbalnoga. Ali ima guranja pod tepih provedbe Sporazuma o normalizaciji iz 1996. Zato što 22 godine nije proveden krivnju podjednako snosi i hrvatski režim. On je u pojedinim fazama otvoreno išao na ruku beogradskoj politici prema Hrvatskoj, čak do te mjere da ga je i financirao („finansirao") i kadrovski ekipirao.

I to na takav način da je srpski obavještajac u doba velikosrpske agresije na Hrvatsku, postavljen na mjesto s kojega je odlučivao o kulturnoj politici Republike Hrvatske, a hrvatski obavještajac srpske nacionalnosti javno prokazan. Dok vladaju takve okolnosti, Vučić u Zagrebu praktično nema što raditi, osim nadzirati ide li sve po Planu (srp. Načertanije = hrv. Plan). Potpuno nepotrebno, političkim manevrom predsjednika vlade – a ne na temelju izbora, došlo se dotle da danas hrvatska vlada ovisi o notornome Pupovcu. Suvremenom Svetozaru Pribičeviću, prije njegove posljednje, pariške, političke faze.

Vratimo se Stepincu. Kad pod teretom povijesnih dokumenata negatori Stepinčeve uloge u Drugom svjetskom ratu više ne znaju što reći, preostaju im dvije floskule. Te, nije učinio dovoljno. Te, nije spašavao pod prijetnjom pogibelji. Da bi onda sve skupa sklepali u jedinstveni argument – Stepinac nije proglašen pravednikom među narodima. S tom tezom nastupaju i beogradski manipulatori. Pogledajmo na temelju istraživanja Ljubice Štefan o čemu se radi (Stepinac i Židovi, Croatiaprojekt, Zagreb, 1998.).

Prijedlog da Yad Vashem proglasi Alojzija Stepinca pravednikom među narodima podnijela su 10. ožujka 1994. dva Židova. Dr. Amiel Shomrony i dr. Igor Primorac. Da bi netko postao pravednikom među narodima mora ispuniti dva uvjeta. Prvi, da je spasio barem jednog Židova od sigurne smrti, o čemu kod Stepinca nije bilo nikakve dvojbe. Drugi, da je kandidat za pravednika pri spašavanju izložio vlastiti život. To je u slučaju Stepinca bilo i do danas ostalo dvojbeno, zahvaljujući Židovki jugoslavenske orijentacije Miriam Steiner-Aviezer.

Prijedlog dr. Schomronyja i dr. Primorca poduprli su godine 1995. HAZU, Arhiv Hrvatske, Institut za suvremenu povijest, Hrvatsko žrtvoslovno društvo i skupina hrvatskih pravednika među narodima, među kojima je bila i pravednica Ljubica Štefan.

Steiner-Aviezer bila je članicom povjerenstva koje je odlučivalo o Stepincu. Jedina je razumjela hrvatski na kojemu je pisana većina dokumenata. Evo njezina stajališta: „Stepinac je još i mogao spasiti pojedince, ali za cijeli starački dom je trebao, javno ili šutke, odobrenje ustaških vlasti, a to govori protiv njega". Ok. Ako je to kriterij. Ravnatelj Odjela za pravednike Yad Vashema, dr. Mordecai Paldiel izjavio je kako je u dokumentima zapisano: „Mi smo židovska država i zato ne možemo dati to odličje kardinalu Katoličke crkve". Dodao je kako se iz činjenice da je Stepinac preživio rat, vidi da njegov život nije bio u opasnosti zbog zaštite i spašavanja Židova. I opet ok, ak je tak nek bude tak.

To pravilo, preživljavanje rata, uvedeno je izgleda samo za kardinala Stepinca. Poglavar Grčke pravoslavne crkve patrijarh Papandreu Damaskinos u dogovoru s policijom pokrštavao je grčke Židove, dao je naputak svećenicima da im pomažu i odobravao je fiktivne kršćansko-židovske brakove. Zbog toga nije proglašen suradnikom nacista. Patrijarh Damaskinos preživio je rat. Tijekom rata nije doživio javni napad u tisku, prijeteća pisma, bacanje kamenja, pripreme atentata. Židovi mu javno izražavaju zahvalnost i iskazuju priznanje.

Rat je preživio i Oskar Schindler. Tijekom rata imao je tvornicu u sastavu SS logora. Surađivao je s esesovcima i gestapovcima. Nije progonio Židove, već se brinuo za njih budući da je od njihova rada u tvornici imao koristi. Umro je kao pravednik među narodima, ali nije poznato kad i gdje mu je život bio u opasnosti.

Kao katoliku potpuno mi je svejedno prema kojim kriterijima se dodjeljuje odličje Pravednika. Ali mi kao Hrvatu nije svejedno kad se posebnim kriterijima mjeri Hrvat spašavatelj Židova u odnosu prema spašavateljima iz drugih naroda. Stoga i zadnji argument suprotiv Stepincu, da nije proglašen Pravednikom i da je to dokaz o tome da je mogao učiniti više negoli je učinio, te da nije bio izložen pogibelji, treba gledati trezvenim očima. I ne dati se zavesti pričanjem priča, premda u nas svi „pričaju", a sve manje govore.

Stepinca se dva puta istraživalo (1970. i 1996.) i dva puta je odbijen. Priznate su mu neke zasluge u spašavanju Židova iz staračkoga doma i pokrštenih Židova. Međutim, kako piše Iris Rosenberg, glasnogovornica muzeja Yad Vashem 14. svibnja 1998. – „osobe koje su pomagale Židovima, ali su surađivale ili bile blisko povezane s fašističkim režimima koji su sudjelovali u nacističkim progonima Židova mogu biti uskraćene za titulu pravednika".

Giorgio Perlesca, međutim, nije uskraćen! Za njega je vrijedio ovaj kriterij: „Da Giorgio Perlesca nije bio fašist, on ne bi imao mogućnost spasiti 3 do 6.000 mađarskih Židova". Piše to Eric Silver, izraelski publicist u svojoj knjizi objavljenoj 1992., pisanoj prema podatcima prikupljenim iz arhiva muzeja Yad Vashem. U njoj obrađuje četrdeset osoba proglašenih Pravednicima. Navodi i Oskara Schindlera člana nacionalsocijalističke stranke i Hitlerova kontraobavještajca. Patrijarh Damaskinos surađivao je s grčkim šefom policije, dakle, s režimom koji je morao biti lojalan njemačkom okupatoru. Georg Duckwitz bio je pomorski ataše u njemačkom veleposlanstvu u Danskoj, član nacionalsocijalističke stranke. Max Schmeling služio je u padobranskoj postrojbi Wermachta. I tako dalje.

Etiketa „ustaškoga vikara" zalijepljena na Stepinca plod je zajedničkih velikosrpskih i jugokomunističkih kontinuiranih napora na „ovim prostorima", ali što je važnije i u svijetu. Zmotali su i Papu naših dana! Rade non-stop na tom planu ne bi li međunarodno oklevetali Hrvate. I izdvajaju love koliko god treba. Srbija se i danas grčevito drži za te povijesno trule lijane, ali bile trule ili ne, daju rezultat. Prvi, neprestanim udarima na Hrvatsku skretati pozornost što dalje od preispitivanja nečiste savjesti vlastite prošlosti i uloge u istrjebljenju Židova. Drugi je onemogućiti normalan razvitak Hrvatske na temelju njezina identiteta, te ju natjerati u vječnu defenzivnu poziciju i čekati pogodan trenutak za teritorijalno proširenje.

Ako predsjednica Kolinda Grabar-Kitarović iskoristi susret s Vučićem za prelazak u kontranapad, na teren povijesnih činjenica bez ikakvih jugoslavenskih repova i kompleksa, na teren zaključenoga Sporazuma o normalizaciji čija provedba je jedini mogući način dosezanja normalizacije odnosa dviju država, onda bi susret s deklariranim četnikom nečiste savjesti moguće imao smisla. Jasno je to i njemu, stoga pred dolazak u Hrvatsku, kako bi izbjegao zamku demitologiziranoga terena, priželjkuje polugodišnji

„moratorij na povijesne teme". I on je, naime, shvatio pričice i mantre, ali i šansu, „europskoga puta" i „europskih perspektiva" o tome da zaboravimo prošlost i okrenemo se budućnosti, Europa nema alternativu, budimo inkluzivni, gradimo mainstream politiku na tragu strategije za Zapadni Balkan, to jest „ko nas bre zavadi" konglomeratima loših politika i tako dalje. Ukrug.

U projekciji velike Srbije, a samo se time Srbija bavi i ničim drugim, Vučić je popušio Republiku srpsku krajinu. Popušio je i Kosovo. Ostala mu je Republika srpska na genocidu stvorena. Zahvaljujući pogubnoj politici trećejanuarskoga režima u Hrvatskoj mu je preostala prilično realna nada da može u njoj obnoviti preduvjete za uspostavu odnosa kakvi su vladali do demokratskih promjena 1990. Oni su već djelomično uspostavljeni. Ta, primjera radi, aktualna ministrica vanjskih poslova prethodno je radila za srbijansku vladu iako je donekle uobičajeno da ministri tek po završetku karijere kao savjetnici rade za tuđe vlade. Obrnut redoslijed izravno se kosi s kriterijima nacionalne sigurnosti. Srećom, Predsjednica nije morala položiti prethodni ispit u Beogradu prije negoli je postala predsjednicom.

Vučić se nada da će do fantazmagorične velike Srbije doći uz pomoć Europske unije, kao što se Ranković nadao da će do nje doći uz pomoć Jalte i Staljina, kao što se je Nedić nadao da će ju uspostaviti uz pomoć Hitlera i Mussolinija, te kao što se je monarh nadao da će ju uspostaviti uz pomoć Versaillesa i diktature. Dolaskom u Zagreb na krilima globalno razvučenoga jasenovačkoga i protustepinčevoga mita, Vučić će pokušati igrati ulogu maloga Tita, Titeka, šefa Zapadnoga Balkana, ili, kako bi hrvatski komunisti rekli – „našega najdražega gosta". Bude li tako, Predsjednica ima samo jedan izbor – nogom u tur.

Drugim riječima, bude li Vučić došao s modificiranom platformom ujedinjenje ili smrt, treba ga dočekati s platformom Sporazuma o normalizaciji ili marš doma. Kad je već pozvan da nam „ulepša" ozračje Stepinčeva.

(hkv.hr, 07. veljače 2018.)

Srpstvo je „ugroženo" dok ne postane politički narod s konzumiranim pravom odcjepljenja

Predsjednica Kolinda Grabar-Kitarović i srbijanski predsjednik Aleksandar Vučić posjetili su jučer polaznike politakademije Srpskoga narodnoga vijeća i predstavljanje projekta „Budućnost Srba u Hrvatskoj" u Mitropoliji zagrebačko-ljubljanskoj Srpske pravoslavne crkve u Hrvatskoj. U društvu polaznika pravoslavne gimnazije susreli su se s mitropolitom Porfirijem. On im je rekao: „Oduševljen sam vašim raspoloženjem i riječima odgovornosti koje ste uputili narodima. Srbi i Hrvati su oduvijek upućeni jedni na druge. Nažalost, vremena su bila takva da smo se udaljili i zato je ovaj iskorak poziv na mir i razumijevanje. Predsjedniče Vučiću, vaš posjet je ohrabrenje za naš narod koji ovdje živi i koji je uplašen i živi u nekoj vrsti apatiji i odustajanja od sebe".

Jedan od najkonkretnijih plodova dolaska Vučića u Zagreb jest na najvišoj razini posadašnjenje kulta ugroženih Srba u Hrvatskoj, koje Porfirije usred Zagreba naziva „narod", dakle, nositeljem državnosti s pravom odcjepljenja. Ravno u nos zaštitnici Ustava Republike Hrvatske. Na to je zaštitnica – trepnula, što se vidjelo na tv-u, ali se nije čulo kakva je budućnost Srba u Hrvatskoj. Ako su ugroženi, onda im treba pomoći da izađu iz ugroze. Kako? Plaćanjem ratne odštete. Dosadašnjim iznosima nisu zadovoljni.

Porfirije je bez okolišanja pretvorio nacionalnu manjinu u narod. A taj narod prikazao kao da živi u strahu. Srbi u Hrvatskoj nisu narod. Srbi, također, nemaju razloga živjeti u strahu, osim ako im Porfirije ispiranjem mozga ugroženost ne usadi. Njegov je govor sasvim usklađen s našim politelitama nedovoljno poznatom „ugroženosti". Narod ih je promptno stoga nazvao početnicima. Ugroženost je jedna od najvažnijih sastavnica velikosrpske ideologije. Može se govoriti o kultu ugroženoga Srbina u Hrvatskoj s različitih motrišta, povijesnih, novinskih, satiričnih, političkih...

Ugroženost srpstva i Srba, međutim, „dominantna je ideja srpske politike od Berlinskog kongresa 1878. Od tada se vodi politika kontrolirana iz Beograda i obuhvaćala je sve okolne zemlje... U Hrvatskoj se stvaraju stranke koje financira srpska vlada (najznačajnija je Srpska samostalna stranka). Jedan od bitnih elemenata ideologije tih stranaka je 'ugroženost' Srba" – piše dr. Mato Artuković u svom radu „Ugroženost" – bitni element velikosrpske ideologije. Pumpanje ugroženosti ima konkretnu svrhu: Mobilizaciju ugroženoga naroda, kojemu Hrvat ne dopušta u Hrvatskoj biti nositeljem državnosti s pravom odcjepljenja. Integralna Hrvatska, kao država, ne postoji u velikosrpskoj ideologiji, koja je u mnogočemu ugrađena i u službenu politiku Beograda.

Korijen sukoba Hrvata i Srba u 19. stoljeću svodi se na različito gledanje na državnu ideju. Srbi u Hrvatskoj smatraju da su „srpske zemlje" osim Srbije, Crna Gora, Kosovo, Makedonija, Bosna i Hercegovina. Uz njih srpske su još Dalmacija, Lika, Krbava, Banovina, Slavonija i Srijem – srpske su, prema toj konstrukciji, po povijesnom i prirodnom pravu. I otuda počinje priča koju i danas pričaju, čak i u božićnim čestitkama u kojima izbjegavaju reći Hrvatska. Trebao bi to biti uvod („mali korak") u prvu lekciju hrvatskim početnicima. Četnici, naime, o tome znaju sve – samo se time i bave, pa im je ovo vjerojatno dosadno čitati.

Uostalom, da budemo do kraja jasni, kako Srbija može biti agresorom na Dalmaciju, Liku, Krbavu, Banovinu, Slavoniju i Srijem, kad su to srpske zemlje? Oluja je agresija! I zato Vučić kaže da se ne slažemo ni oko čega u svezi „prošlosti". Ne povijesti, već prošlosti, koja za razliku od povijesti, može biti ovakva i onakva, ovisi do čije istrage prije dođe, a ako dođe do srpske, onda vrijedi novo pravilo – ćeraćemo se još. Te „istrage" i „ćeranja" i danas su dio službene politike države Srbije prema Hrvatskoj. Vučić ju je jako dobro demonstrirao dok je jučer postrojavao hrvatske demokratske legitimitete i kardinala Bozanića, zloupotrijebljenoga za veliki zapadnobalkanski dernek pomoću kojega Zagreb na jugoslavenski način Beogradu otvara vrata EU. Taj sirenski zov je dvosmjeran. Predsjednica si je, naime, istodobno zatvorila vrata drugom mandatu. Kome to priprema teren na Pantovčaku? Milanoviću, Josipoviću...?

Priču bismo, dragi naši prvašići, mogli skratiti na sljedeći misaoni sklop koji već danas morate naučiti napamet kao i tablicu množenja ili abecedu: Ako mi Srbi nismo u Dalmaciji, Lici, Krbavi, Banovini, Slavoniji i Srijemu politički narod, onda smo neravnopravni. Ako smo neravnopravni, onda smo ugroženi. Tko nas u tim oblastima ugrožava? Hrvati. Tko su Hrvati? Ako već ne žele biti Srbi katoličke „vere" što smo im velikodušno ponudili, ako ne žele biti osim časnih iznimaka niti plaćene sluge Beograda, onda su oni genocidan narod budući da nas trajno ugrožavaju u zapadnim srpskim oblastima. Ako su genocidan narod, a jesu, moraju biti jer tako kaže naša narodna pjesma i „istorija", srpska crkva i izložba u UN-u, moraju se neprestano ispričavati, trajno „izvinjavati" i beskrajno nam plaćati za svoj istočni „greh grehova". Grijeh se sastoji samo u tome što su Hrvati opstali svoji na svome. Biti politički narod na tuđemu teritoriju cilj je kulta srpske ugroženosti.

U Hrvatskoj je od 1848. srpsku politiku organizirao plaćeni agent srpske vlade Jovan Živković. Od njega do Milorada Pupovca proteklo je nešto godina tijekom kojih se može pratiti razvitak kulta srpske ugroženosti i njegova neprestana obnova u različitim političkim okolnostima. On je razvidan u rasponu od Srbobrana (kojega plaćaše srpska vlada) pa do današnjih Novosti koje plaća hrvatska vlada. S pripadajućom protuhrvatskom „satirom". Srpski tisak u Hrvatskoj u kontinuitetu dugom skoro 150 godina donosi ideološke članke velikosrpske ideologije i srbijanskoga svetosavlja. U njima su Hrvati prikazivani kao neljudi. Međutim: „Jedan od trajnih elemenata u ideološkoj strukturi svega tzv. opozicionalnog srpskog novinstva i cjelokupne izdavačke djelatnosti je i antisemitizam" (M. Artuković, isto).

Srpski tisak u Hrvatskoj odavno optužuje sve hrvatsko i pripisuje mu krivnju s ciljem da cijeli narod proglasi krivim. Na meti su plemstvo, crkva, svećenstvo, Sabor, hrvatske ustanove... pa sve do današnjih naslovnica s „oba, oba su pala", ritualnim klanjem M. P. Thompsona, ismijavanjem hrvatske himne i tako dalje. Dubrovnik i njegovi književnici nisu od jučer „srpski", oni su to od sredine 19. stoljeća. Jedan od ključnih „urednika" u Hrvatskoj bio je Sima Lukin Lazić. „On je posrbio tri četvrtine kugle zemaljske. Iako je bio žestoki antisemit... Isusa je proglasio Srbinom" (M. Artuković, isto). Ludilo? Ne. Sustav. Totalitaran. Dugovječniji i trajniji od komunizma.

Kult ugroženosti Srba je svevremenski. Živi istodobno u prošlosti, sadašnjosti i budućnosti. On je iracionalan, kontinuiran, neprestano perpetuiran. Koliko je Srbin u Hrvatskoj ugrožen pokazuje činjenica da je Srbobran početkom 20. st. u Zagrebu prenio članak Nikole Stojanovića „Srbi i Hrvati", nadahnut pretečama nacionalsocijalizma i rasizma Hitlerova sustava. Riječ je o programatskome članku srpstva u Hrvatskoj za cijelo 20. stoljeće. S porukom „do istrage naše ili vaše"!

Na kraju 20. stoljeća, poslije serije srpskih poraza u Hrvatskoj, Matija Bećković je objavio poemu Ćeraćemo se još, namijenjenu 21. stoljeću. Zašto? Zato što su htjeli i jučer i danas biti politički narod u Dalmaciji, Lici, Krbavi, Banovini, Slavoniji, Srijemu. U Hrvatskoj. A kad postanu političkim narodom, onda će krenuti na odcjepljenja i „prisajedinjenja", kao što smo vidjeli u nedavnoj povijesti, ispričavam se – „prošlosti" oko koje se ne slažemo, ali ćemo se hodajući „malim koracima" složiti kad-tad, možda i prije.

U 20. stoljeću kult ugroženosti Srba dosegnuo je „vasionske" dimenzije mitom o Jasenovcu i 700.000 (sve do dva milijuna) ubijenih Srba. Zločin ustaškoga režima od još neutvrđenoga broja ubijenih logoraša različitih nacionalnosti, koji ne može biti veći od nekoliko desetaka tisuća, ali može biti i manji od toga broja, srbijanski jasenovački mit pretvorio je u zločin koji je moguć samo ako je na njega pristao cijeli hrvatski narod. Zato Srbija insistira na 700.000. Fućka im se za žrtve, oni hoće globalnu etiketu genocidnosti hrvatskoga naroda. Odgovorna vlast nepodložna kompleksima velikosrpske i jugokomunističke ideologije taj bi problem riješila na jedini mogući znanstveno objektivan način. Ali, što bi onda Pupovac u Hrvatskoj radio? Čemu onda Novosti? Otišlo bi sve u „paramparčad". Ako Hrvati nisu genocidan narod, onda je Srbima u Hrvatskoj nemoguće postati političkim narodom s pravom na odcjepljenje.

Kult ugroženosti Srba u Hrvatskoj podloga je srbijanske izložbe u UN-u. On je podloga Vučićeve kuknjave zbog nedostatka kanalizacijske infrastrukture u pojedinim „delovima" nedosanjanih zapadnih srpskih oblasti, on je podloga Pupovčeve hinjene kuknjave, podloga uređivačke politike Novosti, podloga novinskoj i kazališnoj „satiri" suvremenih vračeva i podloga Porfirijeve izjave o tome da je u Hrvatskoj „naš narod" – „uplašen i živi u nekoj vrsti apatije". Uplašen ne može biti. Ta, Pupovac je vlast u Hrvatskoj. A ako pak kolektivno boluje od apatije (u što nitko zdrave pameti ne vjeruje), onda je to zbog toga što unatoč počinjenoj agresiji nije postao politički narod u Dalmaciji, Lici, Krbavi, Banovini, Slavoniji i Srijemu. I još k tomu „otadžbinu" mu čeka plaćanje ratne odštete, utvrđivanje granica, pitanje nestalih u srbijanskim konclogorima, pitanje nacionalnih manjina, pitanje povrata pokradenoga blaga...

Duga je povijest njegovanja kulta srpske ugroženosti u Hrvatskoj. Nažalost o tom kultu se izgleda uči samo u srpsko-pravoslavnim ustanovama i na političkoj akademiji Pupovčeva Srpskoga narodnoga vijeća. Dobro, po potrebi i kod stanovitih profesora na Filozofskom faksu i Političkim „naukama". Na mjestima s kojih se produžava trajanje kulta srpske ugroženosti. A ona je nesagledive racionalnom čovjeku. K tomu „ugroženost" je bila podloga agresiji Srbije i Crne Gore s pripadajućim pobunjenim Srbima na Hrvatsku. A ne spominje se u udžbenicima. Na čiju štetu? Na čiju korist?

Predsjednica Republike Hrvatske moguće i nije upoznata, premda bi trebala biti, odakle dolazi prijetvorna, naoko bezazlena ugroženost. Niti o tomu da je iz kulta ugroženosti nastalo pogubno bildanje jasenovačkoga mita. Evo pokaznoga primjera kako se to radi. Godine 1991. „O Vaskrsu" objavljena je poslanica Srpske pravoslavne crkve. Kad pročitate, dragi čitatelji, pokušajte zaboraviti prošlost i okrenuti se budućnosti nametanja ugroženosti uz pomoć „malih koraka", kakav je npr. napravio g. Mitropolit.

Navod: „Koliko je naša pogibija bila brojnija i strašnija za poslednjih pedeset godina? Samo u Jasenovcu, za četiri godine umoreno je, ako ne više, sigurno ne manje od 700.000 ljudi. Ako pitamo na koji način, jedan naš vrsni znalac i mislilac odgovara: 'Jasenovac je najveće srpsko grozilište, ništavilište, istrebivalište, gubilište, gde su ljudi satirani krvožderjem, koje sigurno ni knez demona ne pamti. To je novo raspeće Hristovo. To je greh grehova'. To je činjenica da je ovaj neuporedivi zločin do danas ostao neokajan i nepokajan, što dokazuju događaji koji se i danas dešavaju na istom mestu i od istih počinilaca".

„Na istom mestu i od istih počinilaca"! Bilo je to 1991. Današnja Hrvatska uklanja iz Jasenovca ploču hrvatskim braniteljima koji su se suprotstavili ovoj monstruoznoj „poslanici", kultu ugroženosti i njihovim posljedicama. Jer navodno vrijeđa osjećaje „naroda žrtve" (M. Pupovac).

Mitropolit Porfirije sigurno je upoznat s mislima vladike žičkog Nikolaja. Ugrađene su u narečenu „vaskrsnu" poslanicu SPC-a: „Ako bi se Srbi svetili ravnom merom za sve zločine koji su im u ovom veku učinjeni, šta bi morali da rade?" Evo što bi trebali navodno ugroženi Srbi raditi, a sjećamo se da su upravo to i radili, naime, najbestijalnije zločine: „Morali bi da žive ljude sahranjuju, da žive ljude peku na ognju, da živima skidaju kožu, da decu seku na komade pred očima roditelja. To Srbi nikada nisu činili ni zverovima, a kamo li ljudima".

Možda „zverovima" nisu. Ali Hrvatima jesu, no, Hrvati (i Židovi, da ne zaboravimo) ionako prema „kriterijumu" kulta ugroženoga Srbina nisu ljudi. U ime ugroženosti sve je dopušteno i oprošteno. Tako se, naime, grade zločinačke i totalitarne ideologije.

U kult ugroženosti ugrađene su notorne zamjene teza i krivotvorine – zločine koje si počinio pripiši žrtvi i nastavi dalje. U ime ugroženosti sve je opravdano. Ideologija ugroženosti unaprijed oslobađa zločinca od odgovornosti. Taj začarani krug može se prekinuti samo ako se Srbiju prisili na plaćanje ratne odštete. Tuđman je u tom pogledu pripremio dobru podlogu. Ali, kome? Njegovi nasljednici rade „male korake" na hrvatsku štetu (tehnikom kuhanja žive žabe) i sve veće ustupke obnovi velikosrpske ideologije i institucionalizaciji

Stoljeće srbijanskoga terora 1918. - 2018.

„političkoga naroda". Zato se Porfirije nije mogao suzdržati, pa je veselo uskliknuo: „Oduševljen sam vašim raspoloženjem i riječima odgovornosti koje ste uputili narodima". Na-ro-di-ma. Ni slučajno da izusti „srpska nacionalna manjina u Hrvatskoj". To mu naime ne dopušta „vera". U veliku Srbiju.

Hrvati su jučer i danas posramljeni do nogu iza spuštenih roleta. U dva dana režim im je zabranio dva prosvjeda, jučer u Zagrebu i danas u Gvozdu. Kojem se to narodu događa u Europskoj uniji? Srećom po Hrvate, Grge mu Anđelinovića, nitko po njima nije pucao. Htjeli su, jadni u svojoj nevolji, prosvjedovati protiv Vučićeve priče u Glini 1995. Tad je uvjeravao pobunjene Srbe kako su činom okupacije Gline zauvijek prestali biti ugroženi. Danas ih, muke mu ježeve, treba uvjeriti da su opet ugroženi. Je li zato dobio poziv Predsjednice, nemam pojma. Instalacija srpske ugroženosti prvi je vidljivi plod Vučićeva dolaska u Hrvatsku.

Sve osim Vučićeva susreta s Plenkovićem vrijedi što prije zaboraviti i s prijezirom odbaciti. Da ne uđemo u „apatiju i odustajanje od sebe".

(hkv.hr, 13. veljače 2018.)

Obnova Jugoslavije prema euročetničkim kriterijima

U Haagu je presudom hrvatskoj šestorki 29. „novembra" 2017. proslavljen dan republike totalitarne komunističke Jugoslavije. Nju Srbija od nastanka do raspada i poslije njega smatra prostorom velike Srbije sa sjevernom granicom na Sutli. Presudom je Hrvatska proglašena agresorom na Bosnu i Hercegovinu, jer ju je branila od projekta velike Srbije. General Praljak je prije izricanja cjelovite presude pred cijelim svijetom zbog te nepravde počinio samoubojstvo i zauvijek obilježio međunarodni uvod u proslavu stote obljetnice Jugoslavije.

Tri mjeseca kasnije, 12. veljače 2018., jugoslavenski je dernek nastavljen u Zagrebu posjetom srbijanskoga predsjednika, Aleksandra Vučića, notornoga četnika i aktivnoga agresora na Hrvatsku. Susret je iskorišten za zaborav „prošlosti" i okretanje budućnosti. Razvidno je da je velika Srbija Vučiću i srbijanskoj državi i danas vizija, što je svaki normalan i prosječno informirani građanin znao i bez dvodnevnoga derneka. Održana je i velika skupština u Lisinskome, koja je nalikovala „događanju naroda" pobunjenih Srba uoči agresije na Hrvatsku. Brusio se narod žrtva zločinačke Oluje i povampirenih ustaša. Kad ga se nabrusi, onda se bruse kame i lašte kokarde izvučene ispod madraca. Govori se o pomirbi naroda, međutim, ovdje se srpska nacionalna manjina treba pomiriti da je u Hrvatskoj nacionalna manjina.

Vučića su primili najviši instituti vlasti: Predsjednica Republike Hrvatske, Predsjednik Vlade Republike Hrvatske i Predsjednik Hrvatskoga sabora. Pa i kardinal Josip Bozanić. Dežurni apologeti trude se pronaći veleumne razloge i opravdati objektivno neopravdljiv posjet. Kao razlog Vučićeva dolaska u Zagreb navode nova geostrateška preslagivanja. Ako ih i ima Hrvatska u njima mora sudjelovati kao subjekt a ne četnički objekt. Nedvojbeno je kako je Hrvatska pretrpjela šok i 29. studenoga prošle i 12. veljače ove godine. Definiciju šoka pogledajte u rječnik. Apologeti dežurnih obnovitelja hoće reći, da su šokovi hrvatsko opće dobro. Odličan srpski pjesnik Branko Miljković (Niš, 1934. – Zagreb, 1961.) rekao bi na to: „Najlepše pevaju zablude".

Do kraja godine nastavit će se s obilježavanjem stote obljetnice jugoslavenskoga ujedinjenja (1. prosinca 1918. – 1. prosinca 2018.). Nemam ništa protiv nostalgije i jugobolja sve dotle dok proslave ne postanu obnova. A već su odavno postale obnova Jugoslavije u bilo kom obliku i formi. Ona se više i ne skriva. Ali je o obnovi zabranjeno govoriti na mjestima odlučivanja i u javnosti. Mjesta odlučivanja i vodeći mediji u Hrvatskoj već su temeljito očišćeni od povijesnoga pamćenja, zdrave pameti i ljudi koji se drže načela – Sve za Hrvatsku, Hrvatsku nizašto.

Obnovljena Jugoslavija, Euroslavija, kako se sada čini, počivat će na istim načelima kao i monarhistička i jugokomunistička. Balansirat će između Istoka i Zapada. Srbija će biti lider i nositelj „vaspitne palice", Hrvatska podložna i poslušna sluškinja - lokomotiva na mrki ugalj Alije Sirotanovića sve do ulaska Srbije u EU. Do ulaska Hrvatska mora postaviti srpsko pitanje na najvišu razinu i s te razine riješiti ga u skladu s mirom i stabilnošću Zapadnoga Balkana. Stoga Plenković u naručju drži Pupovca, a Grabar-Kitarovićeva Vučića. Drugih otvorenih pitanja glede obnove nema. Ako ih ima onda spadaju u rubriku laprdientia croatica.

Za kvalitetnu obnovu nužno je potrebno kontinuirano obezvrjeđivati temelj hrvatske države, Domovinski rat, i u redovitim obrocima šokirati hrvatski narod tako snažno da „odustane od sebe" (Porfirije), budući da se samo tako Srbija i Srbi u Hrvatskoj mogu izliječiti od osjećaja vojnoga i diplomatskoga poraza one prave hrvatske Hrvatske. U tom pogledu važne su i paradigmatične izjave s dugoročnim posljedicama. Poput Sanaderove - „Hristos se rodi" ili Kolinde Grabar-Kitarović – „Ovo je vaša domovina". Kad su jednom izrečene „politički narod" srpske nacionalne manjine pretvara ih u neupitni standard i mjerilo vrjednovanja svih i svega.

Proces obnove u Hrvatskoj traje od 3. siječnja 2000. Riječ je o kontinuitetu odustajanja od vojnih pobjeda, diplomatskih uspjeha, slobode, pa do državnoga subjektiviteta i nacionalnoga dostojanstva. Provodi se uz pomoć izdaje judeka i veleizdaje yudeka, Garašaninovom taktikom „kamen po kamen", a od 12. veljače 2018. „politikom malih koraka". U obnovu su uključeni svi čimbenici koji su stvorili prethodne dvije Jugoslavije, uključujući hrvatsku petu kolonu, četnike i tzv. „međunarodnu zajednicu". Otkad traju procesi obnove položaj hrvatskoga naroda u Bosni i Hercegovini sve je lošiji. U Hrvatskoj se pak potiče izumiranje i pražnjenje cijelih prostora od preostalih nositelja suvereniteta, tj. „ustaša" kako to vidi službena Srbija jučer, danas i sutra. U sljedećoj inačici Jugoslavije, euroslavije, Hrvatima je namijenjeno izumiranje do točke s koje više nema oporavka. Tada će Zapadni Balkan „zauvek" biti miran i stabilan.

Temeljni unutarnji dokument na kojemu obnova bolje prošlosti počiva

Račanov je prijedlog iz lipnja 1991. o tome da Hrvatska istodobno treba proglasiti i samostalnost i ulazak u pregovore o obnovi Jugoslavije, što je hvala Bogu tada odbijeno. Zbog toga prijedloga devet godina kasnije postao je šefom vlade. Kao šef vlade odmah je zaštihao temelje obnove. Kad nije pao zbog Zapadnobalkanskoga summita u Zagrebu u studenome 2000. bilo je jasno da nam slijedi serija novih šokova na crti slabljenja države, proizvodnje magle i proizvodnje pristanka na obnovu. Njegova se politika obnove provodi do danas kroz više različitih taktičkih inačica. Izvedba najvećih šokova prepuštena je mandatima kad jugokomunisti formalno nisu na vlasti. Kad su formalno na vlasti oni trasiraju put obnove. Najprljavije poslove obnove potom prepuste „političkim protivnicima". E, moj Francek!

Koji je sljedeći kobni nadnevak poslije haaškoga 29. studenoga 2017. i zagrebačkoga 12. veljače 2018. još nije objavljeno Hrvatima, kako bi šok doista izazvao što veći učinak u dubini i širini hrvatskoga naroda. Ova dva poznata, temeljito su ponizila Domovinski rat, hrvatsku državu i hrvatski narod u Bosni i Hercegovini i Hrvatskoj. Užurbano se priprema novi nadnevak, kao što su nas izvijestili Aleksandar Vučić i Kolinda Grabar-Kitarović. Obnova, naime, ne smije stati. Stanje šoka treba maksimalno iskoristiti.

Kao svojedobno i Titova „revoljucija", tako je i strategija za Zapadni Balkan međunarodno odobrena, planirana, kadrovski i politički ekipirana. U Srbiji se prihvaćaju lideri sa četničkim *backgroundom*. U Hrvatskoj se instaliraju lideri hrvatske šutnje s izraženim jugoslavenskim kompleksima, minimalisti. U sinergiji četnika i minimalista obnova ima izgleda za uspjeh. Kao što je recimo 1985. bilo teško povjerovati prosječnome Hrvatu, da će samo nekoliko godina kasnije Hrvatska postati slobodnom državom, tako je danas, unatoč poodmakloj obnovi, teško povjerovati da bi za koju godinu mogla i formalno nestati kao međunarodni subjekt. Ta, niti s Pupovcem ima sređenu unutarnju politiku, niti s Blažekovićem vanjsku. Narod se uglavnom može uzdati samo u pomoć Božju. Izbore nitko više i ne spominje.

Važno je tijekom obnove ne narušiti „mir i stabilnost". Srbiju može mirnom i stabilnom održavati samo četnički element. Zato su dva posljednja srbijanska predsjednika izraziti četnici, sudionici agresije na Hrvatsku, a i onaj treći, koji nije bio formalnim četnikom prema Hrvatskoj odnosio se kao četnik. Hrvatsku u pogledu obnove mirnom i stabilnom može održavati samo više ili manje izdajnički element.

Srbija u toj igri ima poznata polazišta. Nepromjenjiva još od Ilije

Garašanina. U realnome vremenu to znači: Nismo bili agresori, branili smo Jugoslaviju zajedno s međunarodnom zajednicom. Na Zapadnom Balkanu u oblastima gdje nisu politički narod Srbi su ugroženi. Ugrožavanje Srba prijetnja je miru i stabilnosti. Treba uspostaviti takve odnose na Zapadnom Balkanu da Srbija može kontrolirati mir i stabilnost. To se može urediti onako kako je bilo uređeno u Jugoslaviji – svi Srbi u jednoj državi. Problem su genocidni Hrvati. Oni ne žele jugoslavenske odnose. Oni su remetilački faktor mira i stabilnosti „oduvek i zauvek". Većinsko raspoloženje u Hrvatskoj treba proglasiti marginalnim, rubnim. Najbolje je za obnovu da to učine hrvatske elite pod nadzorom Beograda. Obnova će se lakše provesti ako Srbi u Hrvatskoj postanu politički narod s vlastitim teritorijem i pravom na odcjepljenje.

Hrvatska polazišta obnove također su jasna: Ne možemo preko noći. Možemo malim koracima. Moramo pritom puno energije uložiti na unutarnjem planu u stabilnost obnoviteljskih snaga, osobito u obmanu o tome da obnova nije moguća. Oprostite što moramo jednom godišnje spomenuti da je na Hrvatsku izvršena agresija. Ispričavamo se što imamo Ministarstvo hrvatskih branitelja. Slažemo se da je za agresiju kriv Miloševićev režim, a ne Srbija. Još nije dokraja sazrjelo vrijeme da optužimo i Tuđmanov režim za vašu agresiju na nas. Mi smo u EU, ali braćo, to samo znači da je ulazak Srbije u EU hrvatski strateški cilj i ništa više. Ne brinite, sve će biti u redu, ne smijemo brže obnavljati zbog unutarnjih prilika, zato tu i tamo, shvatite, moramo ponoviti - „rane su još svježe".

Srbiji obnova prema euročetničkim „kriterijumima" odgovara. Hrvatima ne. Pred hrvatskim narodom i biračima zbog obnove nitko ne smije biti odgovoran. Izbjegavanje odgovornosti provodi se tako da se najprije uspostavi poredak u kojemu nitko ni za što odgovoran nije, što je još Račan bez ikakvoga otpora napravio promijenivši sve što je smetalo ili bi eventualno moglo smetati obnovi. Kad izvršna vlast pretjera s tempom obnove, štafetu obnove treba preuzeti sudbena, zakonodavna ili predsjednička. I tako ukrug.

Teret obnove ne smije biti pretežno na jednom krilu vlasti, već mora biti ravnomjerno raspoređen, kako bi se stvorio privid o tome da je obnova redovito stanje države i nacije. Da bi se takav poredak održao, potrebno je imati adekvatno izborno zakonodavstvo i čuvati ga „kao zenicu oka svoga". Obnova se mora provoditi u skladu sa zakonima. Zakoni moraju biti u funkciji obnove. Kompletno zakonodavstvo mora pak biti usklađeno sa strategijom za Zapadni Balkan Europske unije. Osobito kadrovi, jer je kadrovska politika, rekao je Lenjin, majka svih politika.

Gdje je tu Hrvatska? Nema je. Gdje je tu hrvatski narod? Nema ga.

(hkv.hr, 20. veljače 2018.)

Kriza istine u hrvatsko srpskim odnosima

Godine 1990. u Hrvatskoj je promovirana Tuđmanova svehrvatska pomirba. Nju su Srbi u Hrvatskoj plebiscitarno odbacili. Ostatci totalitarnoga jugoslavenskoga režima privremeno su je prihvatili s figom u džepu. Budući da su slijedili beogradsku platformu velike Srbije koja je u Hrvatskoj poražena do sveopće bežanije, Srbi su odbacivanjem platforme pomirbe najviše izgubili. Ostatci totalitarnoga jugokomunističkoga režima bili su pametniji. Čekali su i u zaleđu ratnih zbivanja pripremali trenutak povratnoga udara. Hrvatski narod uspostavio je s podužim zakašnjenjem nacionalnu državu i činilo se kako se otrijeznio od skupo plaćenih jugoslavenskih zabluda.

Godine 2000. – Tuđmanov koncept pomirbe, međutim, zamijenio je Račanov revanšizam. On se istodobno obračunavao s nositeljima hrvatske državne samostalnosti i otvarao vrata prema Srbima u Hrvatskoj u smislu obnove njihovih polazišta s kojima su krenuli u rat protiv Hrvatske. Srbi su prihvatili Račanov revanšizam. U ozračju revanšizma stasala je protudijaloška „avet prošlosti", obnovljeno jednoumlje – koje danas zovemo mainstream, a opravdavamo je političkom stabilnošću i uključivošću. Načelo istine zamijenjeno je obnovom jednoumlja.

Sve je to dovelo do krize istine u hrvatsko srpskim odnosima, što su priznali Kolinda Grabar-Kitarović i Aleksandar Vučić u Zagrebu 2018., kad su utvrdili da se ni oko čega ne slažu glede prošlosti i na tom temelju „otvorili novu stranicu međusobnih odnosa". I odlučili taktikom „malih koraka" normalizirati odnose između dviju država, ostavljajući postrani Sporazum o normalizaciji iz 1996. Bez rješavanja krize istine, međutim, svaka je taktika osuđena na neuspjeh i ponavljanje povijesnih zabluda. Umjesto jučerašnje srpske okupacije, dobili smo njezinu reintegraciju u vlast. Što je gore, nisam u stanju procijeniti.

Na kojoj je strani srpska nacionalna manjina u pogledu istine o nedavnoj povijesti? Ako je računati prema političkom nastupu Milorada Pupovca, njegovih sljedbenika i medija onda je jasno kako je njihova politička pozicija na strani Beograda, a lisnica duboko u hrvatskome proračunu. Problem je utoliko veći što se srpska nacionalna manjina, iako se ne slaže s temeljnim istinama na kojima počiva hrvatska država, ugradila duboko u hrvatsku vlast. Time se pospješuje daljnji tijek krize istine, bez koje nema pravednosti i stvarne pomirbe, te se istodobno otvara prostor kontinuiranome revanšizmu prema nositeljima obnove hrvatske države.

Može li u hrvatskoj vlasti participirati stranke koje se dijametralno suprotno ne slažu s uzrocima rata, karakterom rata i vojno-redarstvenim operacijama Bljesak i Oluja? Naime, ako je Oluja zločin, onda je srbijanska agresija na Hrvatsku osloboditeljska. Ako je Hrvatska fašistička, onda je RSK demokratska. Na tim razdjelnicama kompromisa ne bi smjelo biti. Posljedično, mogu li se konsolidirati odnosi dviju država, ako Srbija ne prihvaća osnovnu istinu da je izvršila agresiju na Hrvatsku? Ne mogu.

Kako je ipak došlo do kompromisa i pomirbe nepomirljivih stajališta, logično je da Pupovac zahtijeva i više od postignutoga kompromisa. Hoće status konstitutivnoga naroda, političkoga naroda. Hoće i srpski teritorij u Hrvatskoj. I time se zapravo legitimira kao obnovitelj onih ideja koje su u samoj biti velikosrpske agresije na Hrvatsku. Ne bi ni to bilo tragično, jer hrvatska Hrvatska zna kako se rješava taj problem, da mu u tome ne sekundira vlast u Hrvatskoj. Ona ne čini ništa kako bi suzbila obnavljanje mitova na kojima je pokrenuta agresija. Naprotiv. Čini sve da se obnovitelji „dobro osjećaju". A da se dobro osjećaju dokaz je Pupovac u vlasti, Novosti na dotaciji umjesto na tržištu i velika skupština u Lisinskome.

Što se hrvatske Hrvatske tiče velikosrpska podloga više ne može biti jamac „stabilnosti i mira", jamac prevladavanja krize istine i uspostave pravednosti. Pomirba je moguća samo u istini. S druge strane jugoslavenske magle, kojima pribjegava hrvatska politelita, također ne mogu pridonijeti prevladavanju krize istine u hrvatsko srpskim odnosima. Ono što se čini nužnim jest to, da Srbi u Hrvatskoj priznaju poziciju nacionalne manjine kao i sve druge nacionalne manjine – jedino tako mogu postati subjekt uvažavanja, dok bi hrvatska država trebala priznati kako se mora ponašati kao i svaka druga suverena država – kao subjekt. To je minimum, preduvjet, mali korak potreban za prevladavanje krize istine u hrvatsko srpskim odnosima.

Zabluda je hrvatskih stranaka i stranaka u Hrvatskoj da će krizu istine nadvladati uz pomoć tzv. međunarodne zajednice ili EU. Svi srpski mitovi od Garašanina do danas preživjeli su upravo u ključnim trenutcima uz pomoć međunarodne zajednice.

Hrvati su, treba to jasno reći tzv. međunarodnoj zajednici, u interpretaciji srbijanskih političara i medija, bili genocidni narod davno prije negoli je velikosrpstvo u jugokomunističkom krilu proizvelo mit o Jasenovcu. Sumnjam da o tome vode računa u Vladi, Saboru i na Pantovčaku. Njihova su mjerila, ako nisu upravljana daljinskim upravljačem izvana, dnevnopolitičke naravi žablje perspektive.

Otkad je, dakle, hrvatski narod kontinuirano genocidan prema Srbima? „Vekovima"! Srpski akademik Vasilije Krestić u Književnim novinama od 15. rujna 1986. u članku O genezi genocida nad Srbima u NDH tvrdi: „Sasvim je sigurno da genezu genocidnih radnji nad Srbima u Hrvatskoj treba tražiti u onim vremenima kada su tzv. pravoslavni Vlasi, tj. Srbi, pod pritiskom Turaka u XVI i XVII veku, počeli da naseljavaju hrvatske zemlje" (vidi M. Artuković, Prema korijenu hrvatsko-srpskog sukoba, u Hrvati i manjine u Hrvatskoj: moderni identiteti – četvrti hrvatski simpozij o nastavi povijesti, Zagreb, 2014.).

Kako na podlozi višestoljetne „geneze genocidnih radnji nad Srbima u Hrvatskoj" normalizirati odnose sa Srbijom i srpskom nacionalnom manjinom u Hrvatskoj? Hrvatskim samozavaravanjem? Izdajom nacionalnih interesa? Uništavanjem vlastite države? Harakirijem? Praljkovom bočicom? Ritualnim samoubojstvima hrvatskih branitelja? Iseljavanjem? Razognjištenjem? Puzanjem pred Vučićem? Slanjem predstavnika udruga proisteklih iz Domovinskoga rata da s četničkim predsjednikom Srbije u Beogradu rješavaju otvorena pitanja između dviju država – a te predstavnike Srbija smatra predstavnicima genocidnoga naroda, kojega svaki Srbin ima pravo ubiti „ko kera kod tarabe" (Milan Paroški).

Velikosrpska podloga više ne smije biti jamac „stabilnosti i mira", jamac prevladavanja krize istine i uspostave pravednosti i fingirane pomirbe. S druge, hrvatske strane jugoslavenske magle također ne mogu pridonijeti prevladavanju krize istine u hrvatsko srpskim odnosima. Ono što se čini nužnim minimumom, jest to da Srbi u Hrvatskoj priznaju svoju poziciju nacionalne manjine – jedino tako mogu postati subjekt uvažavanja. Hrvatska država mora se ponašati kao i svaka druga suverena država – kao subjekt – onako kako se ponašala do godine 2000. To je minimum potreban za prevladavanje krize istine u hrvatsko srpskim odnosima. Na istini se mogu normalizirati hrvatsko srpski odnosi u Hrvatskoj i odnosi između Hrvatske i Srbije. I ni na čemu drugome.

Sve dok Srbi u Hrvatskoj budu produžena ruka Beograda, a Hrvati produžena ruka inozemnih središta moći, ne treba očekivati istinsku pomirbu na unutarnjem planu, niti normalizaciju na bilateralnom. Takav razvoj situacije ne će dokinuti ni ulazak Srbije u Europsku uniju. Ulazak sam po sebi ne rješava ništa (ako se Hrvatska u EU tijekom pregovora sa Srbijom ne postavi kao suverena država), kao što smo to i sami iskusili ulaskom Hrvatske u EU. Svi problemi prije ulaska u EU, pa i oni u odnosima s domaćim Srbima i susjednom

Srbijom, ostali su problemima i po ulasku u EU. Mnogi problemi, kao izumiranje, iseljavanje, nezaposlenost i demografski slom, još su i produbljeni, što samo ide na ruku dojučerašnjim agresorima, jer što je u Hrvatskoj lošije, njima je bolje. Zašto? Zato jer Hrvatska ne postoji.

    Kriza istine u hrvatsko srpskim odnosima u Hrvatskoj više ne trpi odlaganje pod tepih budući da otvara i druge krize: krizu daljnjega nepovjerenja u hrvatsku vlast i institucije, krizu povjerenja i otvara krizu podijeljenoga većinskoga naroda, nositelja suvereniteta. Kriza istine odgovara Beogradu i njegovim agenturama u Hrvatskoj. Srbija permanentno proizvodi krizu istine. Hrvatska se pritom pravi nevještom i ne odgovara svim raspoloživim diplomatskim sredstvima i ne koristi svoje članstvo u NATO i EU kako bi proizvodnju krize istine suzbila. Naprotiv, na unutarnjem planu povlači poteze koji idu na ruku srbijanskoj proizvodnji krize istine.

    Pupovac je dosad s visoka arbitrirao. Sad već, mimo Ustava, i sukreira. A, zapravo su mu polazišta zaostala u osamdesetim godinama prošloga stoljeća u kojima se kreirala i poticala velikosrpska agresija. Taj postupak u Hrvatskoj se obnavlja budući da hrvatske stranke i političari svoje politike prema srpskoj nacionalnoj manjini i državi Srbiji već skoro dva desetljeća ne grade na istini, već na trulim kompromisima od kojih država i nacija imaju samo štetu. Po svemu sudeći Zagreb opet postaje političko središte Srba na Zapadnom Balkanu, kao što je to bio u zadnjoj fazi postojanja Austro-Ugarske kad se zapravo pripremalo „prisajedinjenje" uz otvorenu pomoć Samostalne srpske stranke, prikrivenu pomoć Narodne stranke i beogradskih agenata.

    U trenutnoj fazi obnove velike Srbije, odnosno obnove bivših odnosa na prostoru dosadašnjih jugoslavija, srpstvu u „otadžbini" i u „rasejanju" u ovome trenutku više i ne treba. Sljedeća ozbiljnija faza aktivirat će se po ulasku Srbije u Europsku uniju. Dotad će Vučić davati Grabar-Kitarovićevoj fascikl po fascikl (o nestalima u srbijanskim logorima) i u svojoj jazbini primati delegacije ožalošćenih Hrvata koje će mu slati jednom Pantovčak, drugi put Trg sv. Marka. I on će njima slati svoje ožalošćene, kojih je sve više što je rat dalje. Zašto? Zato jer je ravnoteža krivnje prihvaćena kao početna točka politike malih koraka i ugurana u „humanitarna pitanja", što je klasična grješka u koracima u vođenju državne politike. Da su Francuska i Njemačka tako rješavale svoja otvorena pitanja poslije Drugoga svjetskoga rata, do danas ih ne bi riješili.

    Kriza istine mogla bi do ulaska Srbije u EU postati trajno stanje laži, ako se Hrvatska s njom ne suoči s potrebnom ozbiljnošću i odlučnošću, kao suverena država, ravnopravna članica EU i žrtva velikosrpske agresije, koja ne odustaje od nacionalnih interesa, nacionalne sigurnosti i međunarodnoga prava. S postojećom pozicijom i oporbom, ona za takav zaokret, nažalost, u ovom trenutku nije sposobna. Za takav uspravan hod pozicija i oporba, objektivno gledajući, nemaju intelektualnih, moralnih, etičkih, a onda ni političkih kapaciteta. Subjektivno pak gledajući, stanje je još i gore.

(hkv.hr, 24. veljače 2018.)

Od ZO preko SAO i RSK do URS, pa iznova ZVO...

Srpsko narodno vijeće manipulirajući („kombinujući") manjinskim i narodnim pravima, kao nekad povijesnim i etničkim, donijela je 13. veljače 2018. Izjavu o pravima Srba u Hrvatskoj. Izjavi je prethodio projekt Političke akademije Srpskog narodnog vijeća - Budućnost Srba u Hrvatskoj, predstavljen predsjednici Grabar-Kitarović i predsjedniku Vučiću u nazočnosti mitropolita Porfirija, Dejana Jovića i Milorada Pupovca. Izvještaj o problemima i perspektivama srpske zajednice u Hrvatskoj napisao je prof. Dejan Jović, predsjednik Savjeta Političke akademije SNV-a i bivši savjetnik predsjednika Ive Josipovića. Treba ga pročitati.

Izjava o pravima Srba u Hrvatskoj donesena je 13. veljače 2018. na sjednici prevelike skupštine SNV-a u zagrebačkoj Koncertnoj dvorani Lisinski, za modernu hrvatsku državu značajnom mjestu, u nazočnosti srbijanskoga predsjednika Vučića i hrvatske predsjednice Grabar-Kitarović. U Lisinskom je dr. Franjo Tuđman 25. veljače 1990. okupio domovinsku i iseljenu Hrvatsku na Prvi opći sabor Hrvatske demokratske zajednice i krenuo u demokratske promjene, nacionalno oslobođenje i obnovu hrvatske države. Tada je HDZ bio „stranka opasnih namjera", a karakterističan naslov iz toga doba – „Tko je pustio ustaše u Zagreb?". Danas je stanje slično, suočeni smo s porastom lijevoga i četničkoga ekstremizma, ali za njih HDZ više nije opasan.

U Izjavi o pravima Srba u Hrvatskoj skockanoj u 13 točaka, među ostalim, piše.: „Institucije srpske zajednice, posebno Srpsko narodno vijeće i Zajedničko vijeće općina, moraju dobiti status manjinskih samouprava, u skladu sa njihovim posebnim osnivačkim izvorištima – dokumentima s međunarodnim karakterom, Erdutskim sporazumom i Pismom namjera".

O Izjavi svoja stajališta nisu iznijeli predsjednik Hrvatskoga sabora, predsjednik Vlade i predsjednica Republike, kao ni vladajuća koalicija i političke stranke. Za razliku od klimoglave politike, struka je reagirala. Dr. Mato Palić: „Tvrdnja koja je navedena kako se taj status mora dobiti jer to proizlazi iz dokumenata s međunarodnim karakterom jednostavno nije točna. Niti jedan međunarodni ugovor koji regulira pitanja vezana uz ostvarivanje prava pripadnika nacionalnih manjina nigdje ne spominje posebne općine ili druge teritorijalne jedinice koje bi se ustrojavale po etničkom principu. Tako nešto bi bilo suprotno našem Ustavu. Deplasirano je spominjati Erdutski sporazum koji nije na snazi već dugi niz godina".

Odmah je uslijedila Izjava za javnost SNV-a i ZVO-a u kojoj se žale na „progon vještica". I kažu kako je u Izjavi - „traženo je da se provedu odluka Vlade Republike Hrvatske iz 1998. i zaključak Hrvatskog sabora iz 2010., a koje se tiču ZVO-a. Isto tako traženo je da se provede i Program ove Vlade koji u točki 10.3. predviđa način reguliranja statusa Srpskog narodnog vijeća i drugih manjinskih vijeća u Republici Hrvatskoj".

Kad ne će predsjednik uključio se potpredsjednik Sabora Furio Radin. Na pitanje o statusu manjinskih srpskih samouprava kazao je HINA-i: „To je dio Erdutskog sporazuma. Ja se ne bojim nikakvog oblika autonomije ili da govorimo jezikom tog sporazuma, manjinske samouprave. Takvih manjinskih samouprava ima čak i u konzervativnoj Mađarskoj, za Hrvate i ostale manjine, i one ne trebaju plašiti nikoga. Ja sam uz manjine, kada jedna manjinska zajednica postavlja određene zahtjeve, ima moju automatsku solidarnost". Radinu u prosudbi nedostaju ponajviše, ne i jedino, povijesni konteksti. Kamoli sreće da je u pitanju samo jedan pikzibner! Potražiti ćemo kontekste s izvornim ciljevima u dokumentima koje baštini „srpska zajednica" u Hrvatskoj utjelovljena u SNV-u, SDSS-u, SPC-u, Pupovcu, Porfiriju i Joviću. I ministru vlade RSK, Stanimiroviću, dakako.

Posljednji pokušaj ostvarenja srpske autonomije u Hrvatskoj, uključujući i odcjepljenje od nje, završio je neslavno s velikim, „istorijskim" porazom. Taj poraz, smatran kao zločinačka okupacija opravdano ustanovljene RSK, treba nadomjestiti korak po korak pobjedom u miru, kako i nalaže Memorandum II. Stoga je nužno, osobito političare i stranke sklone geganju u maglu, zaljubljene u bratstvo i jedinstvo, podsjetiti na hodogram najrelevantnijih srpskih povijesnih vrela glede autonomije „srpske zajednice u Hrvatskoj". Onih vrela koje napadno izbjegavaju osvijestiti Dejan Jović, Porfirije i Pupovac, pa i Velika skupština sa svojom Izjavom, a o kojima nije bilo ni riječi u dvodnevnome Vučićevu hodočašću po zapadnim oblastima velike Srbije u Hrvatskoj. Na poziv predsjednice hrvatske države.

Skupština općine Knin donijela 27. lipnja 1990. Odluku o osnivanju i konstituiranju Zajednice općina Sjeverne Dalmacije i Like – zbog „upravljanja i rukovođenja Zajednicom općina". Potpisao ju je „Babić Milan, v. r.".

Srpski sabor u Srbu 25. srpnja 1990., „polazeći od univerzalnog principa o pravu naroda na samoopredjeljenje, uključujući i pravo na odcjepljenje" donio je i objavio Deklaraciju o suverenosti i autonomiji srpskog naroda. Polazište Deklaracije je u sljedećemu: „Srpski narod u SR Hrvatskoj ima pravo da se u zajedništvu sa hrvatskim narodom, ili samostalno, pri uspostavljanju novih odnosa u Jugoslaviji, opredjeljuje za federativno ili konfederativno državno uređenje. Ne može se bez učešća srpskog naroda u Hrvatskoj birati oblik jugoslavenskog zajedništva, a to naročito vrijedi za situacije legitimnog odcjepljenja. Odcjepljuju se narodi a ne države". Vrijedi li isto pravilo i za područje Zapadnoga Balkana Europske unije? Dakako.

Srpsko nacionalno vijeće u Hrvatskoj 30. rujna 1990. „proglasilo je srpsku autonomiju na etničkim i istorijskim teritorijama na kojima ovaj narod živi, i koje se nalaze unutar sadašnjih granica Republike Hrvatske kao Federalne jedinice SFRJ". Autonomija je proglašena na temelju Deklaracije o suverenosti i autonomiji srpskog naroda i na rezultatima „izjašnjavanja". Izjašnjavanju je na području Hrvatske pristupio 567.731 Srbin. Za srpsku autonomiju izjasnio se 567.127 Srbina. Protiv – 144. Nevažećih izjašnjavanja bilo je 46.

Predsjedništvo Zajednice općina Sjeverne Dalmacije i Like 21. prosinca 1990. usvojilo je Statut Srpske autonomne oblasti Krajine. SAO Krajina „uspostavlja se radi ostvarivanja nacionalne ravnopravnosti, kao i kulturnih i istorijskih osobenosti srpskog naroda nastanjenog na području istorijskih teritorija Dalmatinske i Vojne Krajine".

Nacionalno vijeće srpskog naroda Slavonije Baranje i Zapadnoga Srijema 26. veljače 1991. Donijelo je Deklaraciju o suverenoj autonomiji Srpskog naroda Slavonije, Baranje i Zapadnoga Srema. Točka 10 Deklaracije: „Suverena srpska autonomija Slavonije, Baranje i Zapadnog Srema postoji i djeluje u sastavu sadašnje Republike Hrvatske samo pod uslovom da Jugoslavija postoji kao savezna država. Ukoliko takva Jugoslavija prestane da postoji ili se preobrazi u skup samostalnih država ova autonomija nastaviće da postoji kao dio matične države srpskog naroda". Ako se onakva Jugoslavija preimenuje u ovakav Zapadni Balkan, vrijede ista pravila.

Srpsko Nacionalno Vijeće i Izvršno vijeće Srpske Autonomne Oblasti Krajine 29. veljače 1991. donijeli su Rezoluciju o razdruživanju Republike Hrvatske i Srpske Autonomne Oblasti Krajine. Skupština općine Knin u funkciji dijela Skupštine SAO Krajine 18. ožujka 1991. donijela je Odluku o odvajanju od Republike Hrvatske.

Usput, među brojnim dokumentima „srpske zajednice u Hrvatskoj", spomenimo i Odluku o pripajanju teritorijalne obrane Srpske Oblasti Slavonije, Baranje i Zapadnog Srijema oružanim snagama SFRJ od 9. listopada 1991. Kao i Zaključke Velike Narodne Skupštine Slavonije, Baranje i Zapadnog Srijema od 24. listopada 1991., među kojima se u potpunosti podržavaju Predsjedništvo Jugoslavije i Savezni sekretar za narodnu obranu, zahtijeva od Srbije da „u roku od četrdeset osam sati" mobilizira sve muškarce „u starosnom dobu od 20 do 55 godina" koji su „sposobni za borbu, a izbegli sa ratom zahvaćenih područja", te se usvaja Deklaracija o ujedinjenju sa SAO Krajinom i Bosanskom Krajinom.

I tako su se igrale beogradske delije sa „srpskom zajednicom u Hrvatskoj" sve do 1995. Tad je Skupština RSK 20. svibnja 1995. donijela Odluku o pristupanju realizaciji ujedinjenja Republike Srpske Krajine i Republike Srpske, a 29. svibnja 1995. usvojila je Odluku o prethodnoj suglasnosti Skupštine Republike Srpske Krajine o ujedinjenju Republike Srpske Krajine i Republike Srpske. Usvojen je i Prednacrt Zakona Ujedinjene Republike Srpske. U obliku radnoga materijala poznata je i Odluka o državnom ujedinjenju Republike Srpske Krajine i Republike Srpske, koja sadrži četiri članka pisana ćiriličnim strojopisom (zbog bežanije Odluka nije donesena, nap. NP). Nova paradržava trebala se zvati Ujedinjena Republika Srpska.

I što se dogodilo? Hrvatska je bljesnula u svibnju, a onda olujno zapuhala u kolovozu i ode ZO, SAO, RSK, opštine, oblasti, krajine, izjašnjavanja, teritorijalna obrana, JNA, četnici... u „paramparčad" uz poklič - „Bežmo braćo, pobeda je naša". Poraz i bežaniju ubrzo je ismijao i sam Milošević.

Kad je, međutim, „paramparčad" u sveopćem „rasejanju" uvidjela da se već četiri godine vlast u Hrvatskoj ponaša starojugoslavenski, da je HDZ k tomu prestao biti „stranka opasnih namjera", 26. veljače 2005. održala je obnoviteljsku Skupštinu RSK. Na njoj je donijela Rezoluciju u kojoj tvrdi da je bila „autonomni politički i pravni subjekt provodeći efektivnu vlast na svom teritoriju sve do brutalne agresije od strane Republike Hrvatske do koje je došlo 5. kolovoza 1995. godine". Zaključno: „Skupština Republike Srpske Krajine traži od svojih deklariranih zaštitnika, Ujedinjenih naroda i Europske unije da se uključe u postupke demokratskog političkog procesa za rješavanje srpskog nacionalnog pitanja srpskog naroda u Hrvatskoj, te u proces rješavanja statusa Republike Srpske Krajine".

Istodobno s održavanjem obnoviteljske Skupštine RSK, Srpska radikalna stranka usvaja Memorandum o pravnopolitičkoj nemogućnosti opstanka okupacije Republike Srpske Krajine. Teze su: „Hrvati su se za 'produženi zločin' nad Srbima i njihovo konačno uklanjanje sa stoljetnih ognjišta pripremali gotovo 50 godina"; „Okupacija Republike Srpske Krajine izvršena je u dvije faze"; „Ideja političkog kontinuiteta Republike Srpske Krajine je politički realizam. Jedini način za normalizaciju budućih odnosa Srba i Hrvata je prekid okupacije Republike Srpske Krajine i konačno srpsko-hrvatsko razgraničenje". Nadalje: „Zločini i genocid ne smiju biti temelj za stvaranje ozbiljne europske države. Zato Hrvatska ne smije biti nagrađena za svoju zločinačku politiku ubijanja i protjerivanja Srba, već mora racionalnim mjerama biti natjerana na prihvaćanje postojanja srpske države unutar granica Republike Srpske Krajine".

Obnoviteljska skupština RSK, koja je stasala kao Zajednica općina – što je istobitno Zajedničkom vijeću općina, održana je u Beogradu u doba kad su u Hrvatskoj na vlasti HDZ i SDSS (ratnog zločinca Gorana Hadžića), Sanader i Pupovac, a predsjednik države bio je Mesić. Velika skupština Srpskoga narodnoga vijeća održana je u veljači 2018. kad su na vlasti opet HDZ i SDSS, Plenković i Pupovac, a Kolinda Grabar-Kitarović je predsjednica države. Pupovac je konstanta. Do jezgre teritorija, neustavnoga ZVO-a umalo je uspio doći za vrijeme vladavine J. Kosor (HDZ).

I sad, kad su u međuvremenu SDSS i SNV pretvoreni u utočište poraženih i rasadnik budućih poraza srpske nacionalne manjine okupljene oko njih, 2018. opet u sinergiji s SPC-om i Srbijom proizvode strah i ugroženost „srpske zajednice" u Hrvatskoj, kakav su proizvodili prije uspostave Zajednice općina godine 1990. Strah i ugroženost prestat će ako se udovolji zahtjevu uspostave ZVO. Ali, samo do definiranja novoga zahtjeva. Pritom valja naglasiti, Srbi u Hrvatskoj pod vodstvom Pupovca nisu se ispričali hrvatskome narodu za sudjelovanje u agresiji na Hrvatsku. Agresija ne postoji. Odbacuju službene komemoracije u Vukovaru i obilježavanje Dana pobjede i domovinske zahvalnosti u Kninu. Nisu se pokajali za stvaranje paradržavnih ZO, SAO, RSK i URS. Obnavljaju mitove gdje god stignu, od svoje urođene antifašističnosti do urođene hrvatske genocidnosti.

Pupovčeva zajednica nije učinila ništa, nijednu gestu pomirbe u istini, a traži sve, pa i nemoguće – status političkoga naroda s pravom na odcjepljenje, samoupravni teritorij, zapošljavanje po nacionalnom kriteriju, rješavanje komunalnih pitanja po povlaštenom kriteriju... S druge strane Srbi u Hrvatskoj, koji prihvaćaju i status nacionalne manjine i hrvatsku državu kao svoju domovinu, prolaze istu kalvariju kao i hrvatski branitelji. Traže, istina, minimum – dostojanstvo. U ovome trenutku to im hrvatska država, kojom upravljaju ili čekaju na red za svoj mandat - nesposobnjakovići, centremisti, inkluzivisti i ostali isti, ne može, ne želi a i da hoće ne zna dati, kao ni većini lojalnih državljana. Zauzvrat daju „automatsku solidarnost" politici krize istine, hinjene ugroženosti, proizvodnji mitova i obnove neustavnih i već jednom poraženih platformi.

(hkv.hr, 27. veljače 2018.)

Eurovučić je projekt Londona, Bruxellesa, Pučana i Berlina

Kad je predsjednica Kolinda Grabar-Kitarović u veljači 2018. naglasila kako je u Zagrebu razgovarala s „europskim Vučićem", a ne onim Vučićem iz Gline (četnikom) izazvala je salve negodovanja hrvatske zdrave pameti. Treba, međutim, biti pošten i reći kako „europski Vučić" nije njezina autorska izmišljotina, već usvojena domaća zadaća. Ona je ponovila ono što je prethodno skuhano u Velikoj Britaniji, prihvaćeno u Bruxellesu i predano Berlinu da operativno provede u djelo.

Posjet je vani dobio prolaznu ocjenu čim je izgovorena čarobna formula – „europski Vučić". Politike provođene u Hrvatskoj od godine 2000. upravo su zazivale, da ne kažem, pripremale unutarnji teren za instalaciju projekta „europski Vučić".

U javni europski i svjetski prostor retuširanu sliku četnika na velika je vrata u rujnu 2016. plasirao britanski The Economist pišući Vučiću panegirike. Vučić je prethodno, godine 2015., za savjetnika angažirao bivšega britanskoga premijera Blaira. Godinu dana kasnije, 2016. postao je „europski Vučić". Dvije godine kasnije, 2018., formulu europskoga vučićejstva prihvatila je i službena Hrvatska. Više se, valjda, nije smjelo otezati s novim srpskim poretkom na Zapadnom Balkanu.

Blairova zadaća bila je dovesti na europsku razinu ciljeve Memoranduma II.: Skinuti sa Srbije odgovornost za počinjene agresije, ušminkati četnike odgovorne za cijelu paletu zločina i od njih napraviti europski „inkluzivan" format, osigurati Srbiji premoć u odnosu na druge države „prostora bivše Jugoslavije", te približiti Srbiju do pregovaračkih pozicija za članstvo u Europskoj uniji.

Blair je angažiran u doba kad su u Srbiji dva četnika, Tomislav Nikolić (Grobar) i Aleksandar Vučić (Glinski) bili na poziciji predsjednika države i šefa vlade. Oba su iz Srpske radikalne stranke Vojislava Šešelja „transformisana" u Srpsku naprednu stranku. Sve u doba kad Srbija već ima instalirane, etablirane, neupitne i nedodirljive agente raspoređene dijelom u osvojenima, dijelom u neosvojenima zapadnim oblastima velike Srbije u Bosni i Hercegovini i Hrvatskoj.

Propagandni članak The Economista ne ostavlja dvojbe, premda ne daje prave argumente za potkrjepu Vučićeva europejstva. Tipična rečenica: „Kao eurofil, bivši ultranacionalist Aleksandar Vučić najveće je iznenađenje Europe". Evo i „argumenta": „Zapadni čelnici smatraju g. Vučića, po riječima Sebastiana Kurza, austrijskog ministra vanjskih poslova, 'sidrom stabilnosti' u toj regiji".

Kako se dogodilo da „sidro stabilnosti" regije ne predstavlja nijedan hrvatski političar od svih tih silnih ložača lokomotive Zapadnoga Balkana, posebna je tema za analizu posttuđmanovskih politika. Ljekovito je, međutim, podsjetiti kako je Hrvatska do 2000. bila regionalna sila i jamac mira i stabilnosti na jugoistoku Europe. Danas papiginski ponavlja tuđe fraze bez pokrića, kao što je i ova o „europskom Vučiću".

Hrvatska je zapravo pozvala u posjet europski certificiranoga četnika. Ali, to nije sve! Pozvala je i europskoga pučanina. Dok je još Vučić bio šef srbijanske vlade, Srpska napredna stranka krajem studenoga 2016. postala je pridruženom članicom Europske pučke stranke. Vučić je nedvojbeno europski projekt. Prigodom glasovanja o primitku HDZ je bila hrabro suzdržana. Otprilike kao Bakarićev SKH na kongresima Titova SKJ.

Kao što je danas Vučić europska uzdanica, tako je početkom devedesetih godina europskom uzdanicom bio i Slobodan Milošević. Njemu je Europa dopustila ognjem i mačem riješiti „jugoslavensku krizu". Njemu u korist Velika se Britanija založila za embargo na uvoz oružja. Što su pak EU i Velika Britanija spremne na hrvatsku štetu uložiti u projekt „europskoga Vučića" – odnosno „jake Srbije na Balkanu"? Plan Z4? Zajednicu „veća opština"? RSK samostalnu, ili ujedinjenu sa Republikom srpskom?

Beograd s distance, zabavljajući se upravlja svojom pozicijom između EU i Rusije. A Hrvatska? Bi li službena, za razliku od hrvatske Hrvatske pristala dati Srbiji državu u vlastitoj državi, kako bi Beograd postao članicom EU i lakše prebolio Kosovo, a Unija „otela" Srbiju iz ruskoga zagrljaja? Ako već pokorno slijedi britansko-bruxellesku podvalu s „europskim Vučićem", onda treba biti svjesna aksioma britanske trajne politike – Jaka Srbija jamac je stabilnosti na Balkanu, „the end" i „amin". Što je sve uključeno u paket „jake Srbije" pokazale su i monarhistička i komunistička Jugoslavija. Samo unutar raznih jugoslavija Srbija je bila jaka. I to onoliko koliko su druge republike bile slabe.

Jaka Srbija na Balkanu uključuje i njezin patronat nad Hrvatskom. Otud dolazi i Vučićeva poruka poslana tijekom posjeta Hrvatskoj o tome da bez ikakve sumnje na lancu drži Pupovca. A poznato je pak kako Pupovac na kratkom lancu drži inkluzivnu Plenkovićevu vladu. Otud, iz novoga srpskoga poretka na Balkanu dolazi i poruka s tri predana dosjea ubijenih Hrvata u Srbiji, za koje je Hrvatska već imala podatke.

Tom porukom, usklađenom ne s europejstvom, već s četničkim bezdušjem, dokraja je srozan jedini (truli) argument, ali i autoritet hrvatske predsjednice o opravdanosti poziva, kasnije smo saznali - „europskome Vučiću" – zapravo prilagođenom Miloševiću. Kazala je, naime, da će poziv smatrati opravdanim ako tijekom posjeta Vučić otkrije ijedan podatak o nestalima osobama u Srbiji. Nije otkrio nijedan, ali je ostao „europski Vučić". Europski Vučić nova je dogma strategije za Zapadni Balkan. Ložači zapadnobalkanske lokomotive ne smiju je dovoditi u pitanje. Oni je moraju sprovesti, koliko koštalo da koštalo. A košta i više negoli se na prvi pogled čini.

Tijekom dvodnevne parade po Hrvatskoj, začinjene neviđenim srpsko balkanskim populizmom, „europski Vučić" Londona, Bruxellesa i Berlina, predstavio se kao običan srbijanski četnik s europskim certifikatom. Hrvatsku doživljava kao trajni plijen velikosrpskih „magnovenja". Pokazalo se pritom, kako Hrvatska nema izgrađenu vlastitu politiku prema Srbiji utemeljenu na nacionalnim interesima i međunarodnome pravu. Provodeći tuđu nameću nam agresiju na zdravu pamet o tome da su četnici zapravo europejci, a Hrvati njihova odskočna daska.

Kad netko „s prostora bivše Jugoslavije" stekne certifikat europejca, onda može raditi što god hoće. Ili ne će. Ali, samo u okviru „prostora bivše Jugoslavije" južno od Sutle. Već u Sloveniji politički domet „europskoga Vučića" ne vrijedi ni pišljivoga boba. Kamoli u Mađarskoj, Bugarskoj... Eurovučićevština (ili euročetništvo, kako kome odgovara) ima ograničeni i strogo definirani prostor, ključno je koncentriran na hrvatsku državu.

Nedostatak vlastite politike s uključenim nacionalnim interesima i nacionalnom sigurnošću, posljedica je trećejanuarskoga raskida strateškoga partnerstva Hrvatske sa SAD-om i strateškoga priklanjanja Londonu izvedenoga istodobno s Račanovim unutarnjim revanšizmom. Stvar se još (sve teže kako vrijeme odmiče) može spasiti, prije negoli dođe i do formalne dezintegracije Republike Hrvatske prema načelima „jake Srbije". No, za uspravan hod, među ostalim, treba imati mozak i jaja. Mozak naših demokratskih legitimiteta kontaminiran je projugoslavenskim populizmom najniže vrste (zaboravimo prošlost, okrenimo se budućnosti), dok je peradarstvo s proizvodnjom jaja isti taj mozak programirano stjerao u propast. Zato i nemamo hrvatskih političara i stranka od formata.

„Europski Vučić", što se hrvatske Hrvatske tiče, moderna je inačica logike jugoslavenskoga radikala Vladimira Čerine – Zagrebu treba silom nametnuti dušu i mozak Beograda. Upravo to znači Hrvatima danas nametati „europskoga Vučića". Domaće ložače „jake Srbije na Balkanu" ne opravdava činjenica što se iza četnika kese London i Bruxelles, pa i „europska obitelj pučana" i do jučer za Srbiju „fašistička Nemačka".

Otvoreno je pitanje prvoga reda iza koga će stati SAD. Teško je očekivati da će stati uz bok nekoga s tuđim mozgom i dušom, bez vlastitih jaja.

(hkv.hr, 03. ožujka 2018.)

Četnička kakvoća Vučićeva europejstva

Kad su ideolozi i manipulatori euroideologije prekrstili četnika Aleksandra Vučića u „europskoga Vučića" morali su se koristiti mjerilima koja su ih nedvojbeno dovela do zaključka da je srbijanski četnik europska vrjednota. Koja su to mjerila? Po svemu sudeći riječ je o prethodnim prihvaćanjima, osobito u Hrvatskoj, šarenih laži na koje je onda po prirodi stvari nasjeo i „europski Vučić". On je smišljen ponajprije za hrvatsku uporabu.

Hrvatska je, naime, u režiji trećejanuarskih politika popušila nekoliko klošarskih fora u funkciji proizvodnje pristanka na redefiniranje uspostavljene države i ponovnu uspostavu srpskoga poretka na ciljanom području „prostora bivše Jugoslavije". Prva je fora izuzetno bedasta – Hrvatska je lokomotiva Zapadnoga Balkana. To će reći odskočna daska Srbiji i eventualno Bosni i Hercegovini. Druga fora: Nema domaće zadaće koju Hrvatska ne će odraditi. Treća je nevjerojatna laž: Hrvatski je strateški interes ulazak Srbije u EU. I sad se pojavila četvrta postaja ovoga križnoga puta: Četnik Vučić je europski Vučić. Kome? Ložačima lokomotive Zapadnoga Balkana, štreberima domaćih zadaća, srbijanskim lobistima u hrvatskoj politici i lažnoj Europi.

Sve četiri fore zapravo čine sustav. Sustav obnove odnosa koji su doveli do agresije Srbije, Crne Gore i pobunjenih Srba. Sustav je predan učenicima s demokratskim legitimitetom da ga u Hrvatskoj dosljedno provedu. Sad kad je proveden, razvidno je kako je Hrvatska mentalno, politički i problemski vraćena u stanje od prije demokratskih promjena. Da nije, onda bi Plenkovićevo žalimebože Vijeće raspravljalo i usvojilo preporuke i o kokardi, tom totalitarnom simbolu, ali i o totalitarnome velikosrpskome režimu uspostavljenome na okupiranim područjima Hrvatske. Trajao je duže od NDH!

Pokušaj osvjetljavanja „vjerodostojnosti" floskule „europski Vučić", čini se uzaludnim. Ne bih se tim uzaludnim poslom bavio, da „europski Vučić" nije na najvišoj razini ušao u službeni vokabular hrvatske politike kao šlag na tortu dosad serviranih euronebuloza. Budući da je „europski Vučić" u pogledu temeljnih vrjednota i političkih ciljeva isto što i „europski Milošević", napor mi se čini i zgodnom zabavom i građanskom dužnošću jednoga Europljana, seljaka bez kanalizacije – a nije Srbin. Zato nametnutu floskulu promatram kroz prizmu prave i lažne Europe čije razlike objašnjava Pariška povelja objavljena krajem 2017. godine. S nadom, kako bi se moguće izbjegle posljedice i najnovije nam prezentirane eurozablude, koja nedvojbeno od hrvatskih Europljana traži odricanje od zdrave europske pameti, baš kao i

Kusićev „dokument" o lažnom „suočavanju s nedemokratskim režimima", kojega sam već bacio u koš.

Nametnuti euroideološki konstrukt „europski Vučić" europska Hrvatska ne smije prihvatiti, afirmirati ili prešutno odobriti, već ga treba s prijezirom odbaciti i objasniti pravoj i lažnoj Europi zašto ga odbacuje i prezire. Objašnjenje s pripadajućom aktivnom politikom nisu nedohvatljive kategorije, posebice kad se temelje na povijesnoj istini, međunarodnome pravu i nacionalnim interesima. Takav pristup traži odgovorne i slobodne osobe, neumorne, istinoljubive Hrvate i hrabre Europljane. Takvih imamo, ali ne i u politici gdje su i Hrvatskoj i Europi najpotrebniji. Da ih imamo, suprotstavili bi se dosadašnjim euroispraznicama za široku potrošnju, pa i o „europskome Vučiću". Ne bi, dakle, ložili lokomotivu, bubali zadaće, izmišljali strateške interese na hrvatsku štetu.

Prvo je pitanje jednostavno: Pripada li Europa srbijanskome predsjedniku Aleksandru Vučiću i pripada li on sa Srbijom Europi? Povijest umjetnosti tomu pretjerano ne svjedoči. Kao i ukupna srbijanska nacionalna povijest. Osobna politička povijest Vučića svjedoči o tomu da ni on s pravom Europom nema dodirnih točaka. Srbija je stoljećima živjela izvan europske civilizacije, bez doticaja s cijelim razdobljima europske kulture. Ona i Vučić mogu europsku kulturu, kako to povijest pokazuje, bez ikakvoga osjećaja gubitka nadomjestiti neeuropskom civilizacijom i kulturom. S povijesnoga i kulturalnoga aspekta „europski Vučić" ne izdržava elementarnu provjeru.

Ako, međutim, Europa prihvaća floskulu „europski Vučić", onda ona ugrožava samu sebe, osobito na području Republike Hrvatske. Lažna Europa nije prava Europa. Ona je gurajući floskulu „europski Vučić" pokazala svoje mane iz prošlosti kad je prihvaćala četnika Vučića u funkciji „europskoga Miloševića" i predrasude u svezi budućnosti, kad s četnikom pokušava graditi budućnost Zapadnoga Balkana. Zbog toga: „Njezini su zagovaratelji siročad po vlastitom izboru", budući da jako dobro znaju kako je cilj Srbije prodor na zapad. Prodor je trebao ostvariti četnik Vučić. Kako ga nije ostvario sad je na redu „europski Vučić".

Lažna Europa utemeljena na lažnim pretpostavkama i samozavaravanju, krivotvorinama i predodžbama, ne može biti zajednica ravnopravnih. Vučić je dobivši „eurojackpot" lažne Europe postao favoriziran političar Zapadnoga Balkana. Zapadni Balkan je također izmišljotina lažne Europe, on, naime, nije ničiji zavičaj, niti domovina, pa niti međunarodnopravni subjekt. Ne postoji kao i „europski Vučić".

Autori „europskoga Vučića" „očarani su ispraznim vjerovanjem u nezaustavljiv napredak" Zapadnoga Balkana. Kakav se napredak može očekivati kad se četnika stavi na europski pijedestal? Napredak unatrag. Ili nastavak kružnoga tijeka povijesti srpskih poredaka na prostoru jugoistočne Europe. To znači da su kreatori floskule „ogrezli u predrasudama, praznovjerju i ignoranciji, zaslijepljeni ispraznim, nametljivim vizijama utopijske budućnosti, oni refleksno guše svako drukčije mišljenje".

Tko, dakle, ne misli da je četništvo europsko, loše mu se piše. Tko ne misli da je Hrvatska lokomotiva, već je otpisan. Tko ne želi provoditi domaće zadaće, također. A tko ne misli da je hrvatski strateški cilj ulazak Srbije u EU, taj je izdajica lažne Europe, pravoga jugoslavenstva i srpskoga antifašizma s pripadajućim četništvom. Europski Vučić, baš kao i četnički Vučić, nikad nisu izdali ideju velike Srbije. Da ju je izdao, ne bi postao „europski Vučić".

U kojem je zajedničkom projektu prave Europe sudjelovala Srbija i Aleksandar Vučić? Ni u jednom. Što se lažne Europe tiče, Srbija je sudjelovala, tada s Vučićevim ideološkim ocima, u komadanju Hrvatske u zajedničkom projektu s fašističkom Italijom. Sudjelovala je s Vučićem i u projektu lažne Europe kojim je nastojala očuvati komunističku Jugoslaviju pod čizmom Beograda. Etiketa „europski Vučić" dio je kontinuiteta odnosa lažne Europe s velikom Srbijom.

Europski ideal solidarnosti Srbija prema Europi, dakle i Hrvatskoj, nije nikad prihvatila, pa ni u Vučićevo doba, onda i sada. Naprotiv, uvijek je bila nesolidarna i u Hrvatskoj podupirala odnarođene režime, stranke i političare. Vučić je tijekom devedesetih godina prihvatio biti igračem lažne Europe, koja je dala otvorene ruke Beogradu da uništi Hrvatsku pod uvjetom da uništenje bude brzo i efikasno. Dakle, Vučić je i kao četnik, provodio europsku politiku lažne Europe.

„Europski Vučić" jest predsjednikom Srpske napredne stranke. Međutim, europski „duh napretka rođen je iz ljubavi i vjernosti prema našim zavičajnim zemljama", a ne iz ljubavi prema imperijalizmu „otadžbine". „Europski Vučić" je napredan u nazadnim idejama Vuka S. Karadžića, Ilije Garašanina... pa do Slobodana Miloševića i Vojislava Šešelja. Na njihovim idejama, a ne na ocima Europe, počiva srbijanska politika. Na njima je nemoguće graditi ideju europskoga kulturalnoga jedinstva (u različitosti!), nazvali ili ne Vučića europskim, četničkim, bizantinskim ili velikosrpskim.

Europski duh jedinstva nalaže preuzimanje odgovornosti za budućnost europskih društava. Hrvatsko društvo je europsko. Ali s ugrađenim virusima komunizma (sada antifašizma) i velikosrpstva može se uklopiti u zapadnobalkansko društvo, koje ni danas nije moguće bez euročetništva i dokumenata kakvoga nam je ponudilo Plenkovićevo Vijeće na čelu s jeftino kupljenim akademikom Kusićem. Između Hrvatske i Srbije nema izgrađenoga europskoga duha jedinstva, osim što je akademik JAZU/HAZU Dušan Džamonja bio i članom SANU, a dr. Vojislav Šešelj i članom hrvatskoga filozofskoga društva. Taj se duh Hrvatskoj može samo silom nametnuti. Silovanje Hrvatske jest pretvaranje četnika u duh jedinstva. To je polovična obnova komunističkoga bratstva i jedinstva.

Prava Europa zajednica je naroda i država. Četnik Vučić, međutim, smatra da je Hrvatska država srpskoga naroda. Kad i gdje je promijenio mišljenje u tolikoj mjeri da je postao „europski Vučić" zna samo lažna Europa i njezini ministranti. Prava Europa je i „jedinstvo u različitosti". Na okupiranom teritoriju Hrvatske, Vučićeva napredna RSK poduprta Srbijom i lažnom Europom protjerala je sve europske narode različite od Srba. A onda i Srbe, budući da Srbi ne žele živjeti u europskoj Hrvatskoj. Ona je prema kriterijima klasičnoga četništva i prema kriterijima euročetništva uvijek u nekoj mjeri fašistička i genocidna. Jer nije srpska.

Pravi Europljanin ne prihvaća nametanja i iznude bilo koje vrste. Floskula „europski Vučić" nameće se Europljanima u Hrvatskoj i u konačnici od njih traži da se odreknu ljubavi prema domovini i građanskoj vjernosti. Onaj tko nameće laž, jednako je opasan za europsku ljestvicu vrijednosti, kao i onaj koji ju je smislio. Uvođenje floskule „europski Vučić" u Hrvatsku dio je već viđenoga pokušaja stvaranja političkoga jedinstva, imperija jednoumlja. Suradnja Velike Britanije i velike Srbije u tom pogledu dugotrajno je nastojanje lažne Europe. London je i u okolnostima izlaska iz EU nametnuo floskulu „europskoga Vučića".

Hrvatski političari ne smiju podilaziti lažnoj Europi, ako hoće biti hrvatskima. Budućnost Europe nije u ispraznicama lažne Europe (ako hoćete i lažne Hrvatske), koja „zarobljava naše predodžbe", dok europske nacije i zajedničku kulturu potkopava „iluzijama i samozavaravanjem o tome što je europsko i što bi trebalo biti". Hrvatski političari trebali bi sebe i narod prestati samozavaravati. I suprotstaviti se „toj opasnosti za našu budućnost". Floskula „europski Vučić" za hrvatsku naciju je opasnost. Dužnost je hrvatskih političara braniti Domovinu od opasnosti. Po tomu su europski. Usvajajući kriterije dobrih ložača, revnih štrebera i notornih lažljivaca, nikad ne će postati europski, već se pretvaraju u zapadnobalkanski prosjek iznad kojega strši samo naložena i naštrebana laž o „europskom Vučiću".

(hkv.hr, 06. ožujka 2018.)

Srbija i SPC grade novi velikosrpski mit – Oluja je pogrom

U prijenosu „proslave" Oluje u Bačkoj Palanci (4. kolovoza 2018.) moglo se primijetiti potpuno jedinstvo stajališta srbijanskih političara „na ovim prostorima" i klerika Srpske pravoslavne crkve. Također i izostanak i prešućivanje elementarnih činjenica koje su dovele do Oluje i o samoj Oluji. Gotovo sat i pol velikosrpske kuknjave zasoljene patetikom „kulturno-umetničkog programa" odigrao se pod državnim sloganom „Oluja je pogrom". O odnosu uzroka i posljedica nije bilo ni riječi. Sad je potpuno jasno da velikosrpstvo stvara novi mit. Mit o Oluji. Iz godine u godinu on će se samo nadograđivati. Sve dok opet ne pukne „prva puška" ugroženoga srpstva, a ugroženo je svugdje osim u Srbiji, kako se to moglo čuti.

Ono što su izgovorili Irinej, Dodik i Vučić ne treba ponavljati. Bit će, naime, ponovljeno u protuhrvatskome tisku u Hrvatskoj. Cijeli igrokaz odslušao je i saborski zastupnik srpske nacionalne manjine Hrvatskoga sabora. Milorad, inkluzivni, Pupovac. Nije govorio. On je u Srbiju došao slušati, govorit će u Hrvatskoj.

Suzdržavam se da ne počnem s Vučićevim palanačkim navodima. A onda se sjetih da ga je još ove godine Predsjednica Republike nazvala „europskim Vučićem". Cijela Europa priznaje i zna da je Oluja čista kao suza. Samo ne zna „europski Vučić", predsjednik Srbije. Zato umjesto Vučića citiram Predsjednicu.

Suzdržavam se i oko toga da ne počnem s navodima iz Pupovčevih Novosti, ali onda se sjetih da je on izvršna vlast, inkluziviran mimo izborne volje u inkluzivnu protupopulističku vladu. Bilo bi besmisleno navoditi Novosti. Navodio bih zapravo stajališta vlade. Jedino mi nije jasno koja je vlada prava, ona iz Bačke Palanke ili iz Knina. Ili obje? Ako su obje, onda je riječ o socijalističkoj jugoslavenskoj vladi SRH.

Bačkopalanačko događanje naroda otkrilo je urbi et orbi da Srbija više „ne će da dozvoli" nove Oluje. Toliko su, naime, sigurni da će nastavak pacifikacije Hrvatske uroditi plodom nepružanja otpora velikosrpskim nastojanjima. Kompletna režija događaja čista je suprotnost režije Krešimira Dolenčića s isključivanjem struje Hrvatima! On je spriječavao narod. Srpska režija u Bačkoj Palanci nadmašila je i Miloševićev agitpropovski stroj s početka devedesetih godina. Iz toga proizlazi da je Vučić jednako europski koliko i Milošević.

Čemu služe velikosrpski mitovi? Za mobilizaciju na tenkovima „sveg za borbu sposobnog". Dakle, služe i u povoljnim okolnostima za slom hrvatske države. Kad se, međutim, u ravnopravnoj borbi pokaže da gube, onda zapovijedaju evakuaciju na traktorima „sveg za borbu nesposobnog" i sposobnog („nebesku dramu"). I poraz potom pretvaraju u novi mit. To je kružni tijek velikosrpske samoobmane, jugoslavenskoga simpatizerstva i sklone im hrvatske pete kolone. A u pozadini viri Garašanin s tezom da ne postoji hrvatski narod i hrvatska država. Ako postoje, onda su zločinački. Kao dokaz tomu služe im – mitovi. Iz tog kruga Srbija, višestruki agresor, ne želi van.

Što, međutim, hoće Hrvatska? Ako misli da će privilegiranjem Vučićevoga Pupovca prekinuti u Hrvatskoj utjecaj velikosrpskih mitova, onda krivo misli. Kako misli spriječiti prodor mitova u hrvatski medijski prostor? Kako u politički prostor? Kako obraniti Hrvatski sabor kad ga se pretvara u poligon velikosrpskih mitova? Inkluziviranjem? Privilegiranjem? Prikrivenim jugoslavenstvom? Izdašnim financiranjem? Svi su ti oblici već potrošeni u Socijalističkoj Republici Hrvatskoj, na kraju su doveli do velikosrpske agresije, ali su u posljednjih osamnaest godina obnovljeni i opet nametnuti.

Treba li velikosrpske mitove ignorirati? Ignoriran je i jasenovački mit, pa je na njegovoj podlozi mobilizirano četništvo i pokrenuta pobuna protiv hrvatske države. Ne dvojim da će i mit o Oluji, kad dođe vrijeme, poslužiti istoj svrsi i cilju – naime, da je Hrvatska u onim granicama koje joj dopusti Srbija. Poruka mita je – Krajina nije dio Hrvatske.

Dan kad Srbija i „srpske zemlje" koje još nije dokraja „oslobodila", slave „žrtve Oluje", 4. kolovoza, naime, jest prvi dan Oluje. Toga dana popodne izdana je zapovijed vojnoga i političkoga vrha pobunjenih Srba za evakuaciju „sveg za borbu nesposobnog stanovništva". Srbija slavi poraz.

Hrvatska je drugi dan Oluje oslobodila Knin višegodišnjega terora „sveg za borbu" sposobnog i nesposobnog pobunjenoga stanovništva. Hrvatska 5. kolovoza slavi pobjedu nad agresorom, što nikako da preko usana prevali „premijer" Plenković. Međutim, izgleda da je Srbija pobijedila. Ona službeno poraz pretvara već četvrtu godinu u protuhrvatski mit. Izgleda i kao da je Hrvatska izgubila rat protiv agresora, budući da financira mitomane, privilegira promotore mitova i nema nikakvu „strategiju" odgovora na protuhrvatske mitove. Osim lažne i šuplje mantre, da je ulazak (na protuhrvatskim mitovima sazdane) Srbije u EU - hrvatski strateški interes.

Bezazleni doček hrvatskih nogometaša, drugih na svijetu, ovdašnji poredak proglasio je mekim ustaškim državnim udarom. Skup u Bačkoj Palanci u nazočnosti Milorada Pupovca bio je tvrdi srbijanski udar na hrvatsku državu, na njezine temelje.

(hkv.hr, 07. kolovoza 2018.)

Dačić je slavistički kongres sveo pod socijalističku Jugoslaviju

U Beogradu je održan 16. Međunarodni kongres slavista (20. – 27. kolovoza 2018.). Kongres su organizirali Međunarodni komitet slavista, Savez srpskih slavističkih društava, Međunarodni slavistički centar i Filološki fakultet Univerziteta u Beogradu. Održan je pod pokroviteljstvom predsjednika Srbije Aleksandra Vučića u Hrvatskoj poznatoga kao četnika u novije vrijeme nametnutoga kao „europskoga Vučića". Na kongresu je sudjelovalo oko tisuću znanstvenika iz četrdeset i tri države. Kako pišu srbijanski mediji „Kongres je u značajnoj meri posvećen lingvisti Aleksandru Beliću".

Prema dostupnim srbijanskim informacijama može se zaključiti kako je Kongres unatoč dobroj organizaciji, visokom pokroviteljstvu i brojnim sudionicima podbacio budući da nije eksplicitno naglasio kako je u početku svijeta postojao samo srpski jezik iz kojega su nastali svi drugi „varijeteti", više-manje „veštački". Stoga je ministar vanjskih poslova Srbije, kako bi se izbjeglo daljnje „komplikovanje" na kraju Kongresa morao intervenirati.

Mali Slobo, ministar Ivica Dačić, naime, uzeo je slavistiku u svoje ruke i rekao okupljenim znanstvenicima: "Situaciju na prostoru Balkana dodatno komplikuje stalni proces fragmentacije srpskog jezika, gde se od zajedničkog i jedinstvenog jezičkog korpusa, političkim i državotvornim razlozima opravdava stvaranje novih jezičkih varijeteta, koji se lingvistički ne razlikuju, ali na političkoj ravni dobijaju osobine drugačijeg, nacionalno-državnog i vrlo često svoj identitet grade poricanjem svog jezičkog originala".

Dačić je politolog velikosrpske orijentacije, nije jezikoslovac. Sudionici Kongresa su pak znanstvenici, kojima je održao lekciju iz imperijalnoga programa "Srbi svi i svuda" Vuka Stefanovića Karadžića. Kad vožd Socijalističke partije govori o „fragmentaciji" srpskoga jezika, on misli na „fragmentaciju" SFRJ zamišljene kao paravan velike Srbije. I kao što je hrvatski fragmentiran dio srpskoga jezika, tako je i Hrvatska „parče" Srbije. To je njegova „znanstvenost". Iz nje proizlazi da Hrvati nemaju svoj identitet, prema tome ni jezik, niti pravo na državu. Sve što u tom pogledu imaju nastalo je od Srba. Hrvatski jezik, međutim, odavno je izgrađen sa svim funkcijama koje standardni jezik mora imati.

Dačić se pred slavistima proslavio i novim spoznajama o tome da SAD u borbi "za nezavisnost od Britanske imperije" nisu "ni jednog trenutka" sporile "svoj engleski jezik, bez pretenzija da postane američki, dovelo je do toga da danas i SAD, Velika Britanija, Kanada Australija i Novi Zeland, ne samo da govore istim jezikom, već i svet i pojave u njemu gledaju istim zajedničkim očima".

Dačiću, Srbija nije Velika Britanija. Engleski je u navedene države došao na drukčiji način, a hrvatski i srpski su se razvijali neovisno jedan o drugome. Istina, višekratno se nastojalo od dva jezika napraviti jedan. U tome se nije uspjelo, kao što se ni od dva naroda nije uspjelo napraviti jedan, niti od dvije države jednu. Usporedba s engleskim ne funkcionira. Engleski je premješten u druge zemlje. Hrvatski se pak do ulaska u zajednicu sa Srbijom (1918.) razvijao samostalno. Hrvatski, dakle, nije „fragment" srpskoga jezika.

I u nastavku govora Dačić se proslavio ponavljanjem teza Vuka Stefanovića Karadžića, kojima ne negira samo jezike, već i cijele narode. Kako bi se stekla opća (jugoslavenska) dimenzija srpskoga jezika, Dačić se sa sudionicima Kongresa fotografirao ispod plakata na kojemu na ćirilici piše „Socijalistička Jugoslavija" što se vidi u foto prilozima službene stranice Ministarstva vanjskih poslova na kojoj je objavljen cjeloviti Dačićev govor.

Dačićev je govor zapravo veliki skandal na koji hrvatske ustanove nisu reagirale. On predstavlja i uvrjedu i provokaciju i nastavak srbijanske agresije. Od mjerodavnih hrvatskih ustanova, međutim, dobili smo samo ovu informaciju: „Institutski znanstvenici i članovi Terminološke komisije Međunarodnoga slavističkog komiteta dr. sc. Lana Hudeček, dr. sc. Kristian Lewis i dr. sc. Milica Mihaljević sudjelovali su na zasjedanju Komisije 23. kolovoza 2018. u Beogradu. Zasjedanje Komisije održano je u sklopu XVI. Međunarodnoga kongresa slavista (20. – 27. kolovoza 2018.). Članovi Terminološke komisije prihvatili su prijedlog znanstvenika iz Instituta da se sljedeći sastanak Terminološke komisije MSK-a održi 9. svibnja 2019. u Zagrebu. Nakon sastanka održat će se znanstveni skup E-rječnici i e-leksikografija (10. i 11. svibnja 2019.)".

Dačićevo jezikobulažnjenje vodi prema Pravopisnom uputstvu Bože Maksimovića Kundaka iz 1929. i sličnim jugounitarističkim rješenjima kakvih smo se nagutali u posljednjih sto godina srbijanskoga jezičnoga, političkoga, diplomatskoga, pravosudnoga, žandarskoga i svakoga drugoga terora. Srbijanski žandari su, naime, postajali ministri prosvjete. Aleksandar Belić (1876. – 1960.), kojemu je Kongres „u značajnoj meri posvećen", nije bio žandar. Ali je bio najznačajniji ideolog lingvounitarizma u „socijalističkoj Jugoslaviji", pa i „pre".

U Kraljevini SHS, osobito nakon što je Vidovdanskim ustavom službenim jezikom proglašen nepostojeći „srpsko-hrvatsko-slovenački", srpski je (i u Hrvatskoj) postao službeni jezik u državnoj upravi, vojsci, školstvu, željeznici, novinskim agencijama... a ćirilica je počela potiskivati latinicu. Sve je to pouzdano i „stručno" servisirao Aleksandar Belić sa svojim hrvatskim „saradnicima" i istomišljenicima kroz časopis „Naš jezik". Kroz njega su hrvatske jezične, posebice leksičke značajke proglašavane provincijalnima, dijalektalnima, nepravilnima i suvišnima.

I u komunističkoj Jugoslaviji (Dačićevoj socijalističkoj) srpski je nametnut u vojsci, upravi i novinskoj agenciji Tanjug. „A onda opet anketa..., nakon nje (opet!) pod Belićevim organizacijsko-stručnim vodstvom i jakom političkom paskom novi dogovor (u Novome Sadu, 1954.), obvezatan dvodijelni naziv jezika (hrvatskosrpski-srpskohrvatski), potom 'zajednički' pravopis (1960.)..." (ak. Marko Samardžija, „Hrvatski? Da, ali srpski!", Zagreb, 2006.).

Srbija koristi svaku prigodu da se u „punoj meri" vrati na velikosrpske kolosijeke podmazujući pritom unitarističke osovine Vuka Stefanovića Karadžića, Kundaka monarhističke Jugoslavije, obnoviteljske Komunističke partije Jugoslavije (nije važno je li grah ili pasulj, važno je da ga ima), „naš jezik" Aleksandra Belića i Srpske akademije „nauka i umetnosti".

Hrvatske političke i stručne strukture i ustanove prave se da ne vide obnovu velikosrpskih teza koje u konačnici vode u novi rat u državama koje Srbija još nije „oslobodila" od neprihvatljive „fragmentacije" i uvođenja „varijeteta". One se bave fragmentiranjem hrvatskoga društva i države: Politstabilnošću, inkluziviranjem, „školom za život", krivopisima, e-leksikografijom, eksperimentalnim školstvom, tabletima i svojim (nimalo nacionalnim) najvažnijim strateškim ciljem – ulaskom Srbije u Europsku uniju, odvraćajući time pozornost hrvatskoga naroda od realnih i povijesno dokazanih prijetnji s istoka. Pritom im je, što se jezika tiče, jedino važno da „komšije" razumiju susjede, te da susjedi ne skuže što im pripremaju komšije i njihove sluge u Hrvatskoj.

(hkv.hr, 04. rujna 2018.)

Globusovo šminkanje četnika Vuka Draškovića

Kako i u kojem trenutku realizirati pojedino pitanje nasilnoga uvođenja „duše i mozga Beograda" u Hrvatsku jedno je od taktičkih pitanja kojim se non-stop bavi velikosrpska beogradska inteligencija i njezine hrvatske sluge. Pokazni primjer u praksi izvrsno ilustrira intervju Vuka Draškovića objavljen u Globusu od 21. rujna 2018. Darko Hudelist se prisjetio kako je prvi intervju s njime objavio u Startu „u kasno ljeto 1989.". Taj je intervju prava riznica velikosrpskih nastojanja u kojoj se Drašković istovario kao stručnjak za granice velike Srbije. U međuvremenu se „transformisao", tako da srbijanski portal koreni.rs još 2016. pišući o njemu kažu – „Kako je 'četnik' zavoleo NATO".

Povod novom razgovoru navodno je Draškovićev još neizišli roman u kojemu se divi kralju Aleksandru, budući da je navodno od „Jugoslavije htio napraviti balkansku Ameriku", čime dosadašnja bolesna mašta autora dobiva novu dimenziju laži. Javni interes hrvatskih čitatelja mogli bi biti romani austrijskih, mađarskih, talijanskih i turskih romanopisaca, svi oni dolaze iz zemalja koje su više ili manje prodirale u Hrvatsku. No u suvremeni hrvatski javni prostor prema jugoslavenskome receptu kralja Aleksandra i drugih pripuštaju se uglavnom srbijanski. Draškovićev roman, može se zaključiti iz intervjua, prinos je stotoj obljetnici okupacije na „ovim prostorima" i zov prema novim.

Već u uredničkoj opremi izrađenoj prema tehnici proizvodnje zaborava Drašković je u Globusu najavljen kao „političar i pisac koji je najavio hrvatsko – srpski rat". Povijesno je točno da je Vuk Drašković svojom ratnohuškačkom retorikom potencirao, zazivao i poticao vojnu agresiju Srbije na Hrvatsku i Bosnu i Hercegovinu. On je jedan od ključnih arhitekata srbijanskoga terora „na ovim prostorima". I to kao pisac u službi velikosrpske ideologije i kao prevrtljivi političar.

Drašković je 1990. kazao kako sva nesreća u Jugoslaviji potječe od Hrvata. A 1991. dokazao kontinuitet velikosrpske politike kao svoj politički program: „Optimalan program je (...) sjedinjenje svih srpskih zemalja u jednu državu. Jedan optimalan program mora računati i, na primjer, Skadar. (...) Ako je naše do Ogulina, ako je tako zapisano u 'Načertaniju', naš ideal će biti da u pogodnim historijskim okolnostima stignemo do Ogulina. (...) Sada je suludo i nezamislivo inzistirati na pripajanju Temišvara Srbiji, ali 1945. godine, da je pobijedio Draža Mihailović, mogli smo ga dobiti" (politički magazin „Srbija", posebno izdanje, Beograd, 1991.).

Kako vidimo iz navoda Drašković se čvrsto drži velikosrpske osovine Garašanin – Mihailović – Memorandum SANU u kojoj je kralj Aleksandar jedna od važnijih poluosovina. Njegov „optimalni program" izveden je iz proglasa Draže Mihailovića: „Borit ću se za najuzvišenije ideale koje Srbin može imati: za oslobođenje i ujedinjenje zauvijek svih srpskih zemalja. (...) Gdje god ima srpskih grobova, ono je srpska zemlja". Upravo će Drašković u osvit raspada Jugoslavije prvi proglasiti kraljevoga četnika Mihailovića „prvim gerilcem Evrope".

Osim „Načertanija" u Draškovićev „optimalan program" spadaju i poruke objavljene u kapitalnim velikosrpskim djelima kao što su „Srpska Krajina – Srbi u našim sjevero-zapadnim pokrajinama" (Zagreb, 1939.), „Homogena Srbija" (1941.) Stevana Moljevića i „Srbi i srpske zemlje – etnografski problem srpskog naroda" (1942.) Milutina Nedića. Izvorište „optimalnoga programa" zapisano je u uvodu „Načertanija": „Temelj srpske politike jest da teži sebi priljubiti sve srpske zemlje koje ju okružuju, a ne da se ograničava na svoje sadašnje granice". Izvorište je napisano, gle čuda, upravo u doba dinastije Karađorđevića, Aleksandrovih pređa.

Vuk Drašković je od 1982. kuštravo-bradati četnik s kravatom, dotad je bio sluga režima i uspješan komunistički uhljeb. Rođen je 1946. u Banatu u partizanskoj obitelji porijeklom iz istočne Hercegovine, koja je zauzela kuću protjeranih Nijemaca. Kako je u Banatu trebalo na zemlji raditi, obitelj se vratila odakle je i došla, živeći od „tekovina naše revolucije". Otac mu je bio kapetan JNA, koji mu je kao nadnevak rođenja upisao „29. novembra" (Dan pokojne republike, točan nadnevak rođenja maloga Vuka ostao je nepoznatim baš kao i Josipa Broza). Po završetku pravnoga fakulteta 1968. odmah je postao režimskim čovjekom zaposlenim u TANJUG-u u kojemu radi do 1977. Posljednje dvije godine u TANJUG-u radi kao dopisnik iz Lusake. Vraćen je doma u „tvrđavu samoupravnoga socijalizma i nesvrstanosti" kad je u svijet poslao lažnu informaciju da je Rodezija napala Mozambik.

Od 1977. do 1980. šef je informativne službe Sindikata Jugoslavije. U književne vode velikosrpske propagande, po nalogu ili osobnom izboru odmah po smrti Maršala Jugoslavije ulazi romanom „Nož" (1982.). Ulazi potom i u praktičnu (velikosrpsku) politiku. Osnivač je SNO-a, pa odmah i SPO-a. Zalaže se za veliku Srbiju ostvarenu mirnodopskim putem tako što je srbijanske dragovoljce slao na ratišta. Fingira opoziciju Miloševiću, svojemu nedostižnom uzoru, da bi 1994. s njime ušao u savez koji iduće godine raskida, stvarajući privid srbijanske demokracije. Godine 1997. na Ravnoj Gori poziva na zauzimanje Knina i nudi sebe na čelu tenkovske kolone. Temeljem retorike takvoga predizborja postaje 1998. potpredsjednikom srbijanske vlade, ali je 1999. smijenjen. Godine 2004. postao je ministrom vanjskih poslova Srbije i Crne Gore.

Njegov politički put režimskoga aparatčika oslikava ga kao klasičnoga konvertita i živoga dokaza kako je mali korak od okorjeloga komunista do zadrtoga četnika. Njegov pak roman „Nož" odaje autora posve uronjenoga u proizvodnju svekolike srpske ugroženosti u susjednim „zemljama", koje zbog toga treba „osloboditi" od muslimana i Hrvata, te potom „prisajediniti", dakle, okupirati. Drašković je bio i komunist i antikomunist. Bio je borac za mir, a istodobno je postrojavao četničke dragovoljačke horde. Bio je protumiloševićevac, ali je izjavljivao - „Milošević je borac za mir". Sredinom prošloga desetljeća (2006.) glumio je proeuropskoga političara s glavnom zadaćom sprječavanja ulaska Hrvatske u Europsku uniju.

Drašković je jedna od ključnih srbijanskih figura odgovornih za psihološku pripravu Srba za agresije na susjedne države i narode. Tijekom pripreme za vojnu agresiju prvi je, prije vjenčanoga kuma Vojislava Šešelja, izdiktirao zapadnu granicu Srbije na crti Virovitica – Karlovac – Karlobag. Gradeći svoj „optimalni program" počeo je, dakako, od ustaša, koji su sinonim za Hrvate. Potom je Jasenovac proglasio najvećim srpskim podzemnim gradom. Jedini spas od ustaša i Jasenovca vidio je u velikoj Srbiji. Ako nema Jugoslavije (koju je u njegovim interpretacijama jednom razbio „hrvatski secesionizam", drugi put „Milošević"), govorio je, jedina alternativa je velika Srbija. Zbog toga je najavljivao „sjedinjenje svih srpskih zemalja", počevši od Makedonije sve „do stare srpske luke Rijeke". Taj ga plan intimno i praktično povezuje s kraljem Aleksandrom.

Po okupaciji Knina izjavljuje kako „priče o Kninu kao nekakvom povijesnom hrvatskom gradu ne vrijede ništa jer odlaskom Knina Hrvatska ni u kulturnom ni u duhovnom pogledu neće biti oštećena", što se podudara s najnovijom Vučićevom „istorijskom" bljuvotinom o tome da se nikad prije Oluje u Kninu nije vijorio hrvatski stijeg.

Kao srbijansko laprdalo dojadio je i Miloševiću. Dva puta ga je uhitio. Jednom ga i temeljito prebio. U unutarnjim srbijanskim previranjima dvaput je preživio atentat. Unatoč tomu, kao velikosrbin „s dna kace", Miloševića pred međunarodnom zajednicom pokušava oprati od odgovornosti. Agresija („rat", kako kaže Vuk i Globus) nije sporna, sporan je srbijanski vojni poraz. Cilj je jasan, treba sprati odgovornost sa Srba i Srbije, pa kaže: „Na Srbe neće pasti prokletstvo da smo izazvali sukobe, ali ne smije pasti ni historijska sramota da smo fašizam dočekali na koljenima". Ova je izjava ugrađena u ciljeve Memoranduma II., prema kojemu se ravna i znatan dio hrvatske političke i medijske glavne struje. Zbog toga se u Hrvatskoj blokiraju istraživanja srbijanskih zločina a potenciraju nastojanja oko „zajedničke krivnje za rat" za koji je kriv „konglomerat loših politika" (Ivo Josipović).

Taj i takav Drašković napisao je, dakle, novi roman o kojemu u Globusu zbori veličajući kralja Aleksandra Karađorđevića kao „najveću ličnost u povijesti Srba" (a sv. Sava?), koji je od Jugoslavije htio napraviti „balkansku Ameriku" (ludilo!), koji bi - da nije ubijen 1934., Hrvatima iste godine dao „Banovinu Hrvatsku" (malo morgen), koji je shvatio da je pogriješio s politikom integralnoga jugoslavenstva (konstrukcija), koji za ratni cilj nije htio prihvatiti proglašenje velike Srbije već ujedinjenje Srba, Hrvata i Slovenaca u zajedničku državu (ujedinjenje je okupacija „ovih prostora"), kojemu je Wilson čestitao na stvaranju Jugoslavije uz želju da mora stvoriti Jugoslovene (bolesna mašta), koji je navodno bio očajan zbog ubojstva Hrvata u beogradskoj skupštini 1928. (kaj god) i tako dalje zavodi Drašković.

U nečemu se slažem se s njime: „Komunistička Jugoslavija bila je samo replika, dok je original bila Aleksandrova Jugoslavija iz 1918.". Obje su bile totalitarne, nedvojbeno protuhrvatske i obje su propale s neriješenim „nacionalnim pitanjem", tvrdeći da su ga riješile. Ali se ne slažem da je Aleksandru na okupaciji čestitao Wilson, budući da je srpsko „prisajedinjenje" Vojvodine, Hrvatske i Bosne i Hercegovine 1918. bilo u potpunoj suprotnosti s Wilsonovih 14 točaka i naputkom o pravu naroda na samoodređenje. A da je Wilson tražio od Aleksandra da stvori nepostojeće „Jugoslovene" spada u list Vrač Pogađač u koji se pretvorio Globus gradeći put afirmacije Draškovićevim fantazmagorijama.

Za vrijeme dinastije Karađorđevića, dobro je podsjetiti se, izrađen je ekspanzionistički program Srbije, „Načertanije" Ilija Garašanina. Karađorđevići su na temelju njega godine 1848. poduprli srpsku pobunu u južnoj Ugarskoj. Aleksandar Karađorđević (1888. – 1934.) ishodivši odreknuće starijega brata proglašen je 1909. prijestolonasljednikom, a 1914. regentom. Izlazak Rusije iz rata iskoristio je za pridobivanje crnogorske Narodne skupštine da zbaci njegova djeda, kralja Nikolu I., i donese odluku o pripojenju Srbiji 26. studenoga 1918.

Kad je postao „najveća ličnost u povijesti Srba"? Ne uvaživši zahtjeve hrvatskih gusaka u beogradskoj magli, 1. prosinca 1918. proglasio je Kraljevstvo Srba, Hrvata i Slovenaca nametnuvši dinastiju i sebe prije odluke Ustavotvorne skupštine. Dvije i pol godine vladao je Kraljevstvom bez ustava. Vidovdanskim ustavom (1921.) uzeo je ovlasti raspisivanja izbora, sazivanja i raspuštanja Narodne skupštine, predlagana i odbijanja zakona, bio je i zapovjednikom vojske. Na njegov zahtjev do 1929. odstupila je 21 od 23 vlade. Sve su to bili nadahnjujući elementi romanopiscu Vuku Draškoviću za veličanje Aleksandra i „balkanske Amerike".

Aleksandar je Kraljevstvo („balkansku Ameriku") shvaćao kao proširenu srpsku nacionalnu državu, stoga je odbijao uglavnom hrvatske prijedloge o federalizaciji vodeći represivnu i centralističku unutarnju politiku. Nikad nije dokraja razriješena njegova uloga u pripremi atentata na hrvatske zastupnike u beogradskoj Narodnoj skupštini (1928.), atentat je nedvojbeno bio izraz volje i politike kralja. Poslije atentata ponudio je Hrvatima „miran razlaz" tzv. amputacijskim planom prema kojemu bi Hrvati ostali bez velikoga dijela svojega teritorija, a Srbi u granicama željkovane velike Srbije. Kad mu amputacija prema karti velike Srbije nije prošla, ukinuo je ustav i građanska prava, praktično je 6. siječnja 1929. izveo državni udar uvevši diktaturu, postavši zakonodavnom i izvršnom vlašću, dok se sudbena obavljala prema izvanrednim zakonima.

Aleksandrov diktatorski poredak oslanjao se na srbijanske generale, žandare, vojsku i glomazan korumpirani i srbizirani državni aparat. Zabranjivao je nacionalna imena i simbole. Izmislio je jugoslavensku naciju – koju Drašković pripisuje želji SAD-a. Aleksandar je 3. listopada 1929. državu preimenovao u Kraljevinu Jugoslaviju, razdijelivši je teritorijalno na devet banovina. One su krojene diktatorskim škarama prema velikosrpskim ciljevima. U šest banovina osigurana je srpska većina. U vanjskoj politici iznimno je štetio hrvatskim interesima. Rijeku je, primjerice, Rimskim ugovorima 1924. prepustio Italiji. Hrvatsku, srednjoeuropsku i mediteransku, dodatno je balkanizirao 1934. sklapanjem Balkanskoga pakta (Jugoslavija, Rumunjska, Turska i Grčka).

Ubijen je 9. listopada 1934. u Marseilleu u atentatu hrvatskih i makedonskih nacionalnih snaga za oslobođenje od velikosrpske diktature. Prethodno je početkom godine ustrojio Namjesništvo (knez Pavle, senator Stanković i ban Perović), koje bi trebalo vladati državom u slučaju njegove smrti. Riječ je, dakle, o klasičnom diktatoru velikosrpskoga opsega.

Jugoslavenska politička opcija, lijeva i desna, kao i velikosrpska, naziva kralja Aleksandra Karađorđevića - „Ujediniteljem". To ujediniteljstvo s „prisajedinjenjem" (okupacijom), izgleda da je i ključan motiv kojim se rukovodio Drašković pišući roman o Aleksandru. Procijenio je, naime, da se prema budućim „prisajedinjenjima" u ovom trenutku ne može ići s pozicija „prvoga gerilca Europe", četnika Draže Mihailovića, već zaobilazno preko jugoslavenskoga gudala za kojim hrvatske guske odlično gegaju. Stoga je njegov roman o kralju Aleksandru u Hrvatskoj prvenstveno namijenjen kao duhovna hrana jugoslavenskoj ljevici i desnici. Bude li polučio praktičan uspjeh, sljedeći će roman biti replika „Noža".

Drugoga razloga od nove jugoslavenizacije za hrvatsku afirmaciju autora i djela – jednostavno nema. Drašković se kao pisac, naime, već dokazao kao literarno impotentan i velikosrpski praktičan. Sve ostalo vezano uz lik i djelo, pa i njegove povijesne interpretacije izrečene u intervju predstavljaju čistu laprdienciju okorjeloga četnika željnoga vlasti ili barem javne promocije, kako bi „na ovim prostorima" nesmetano sijao svoje više puta propale teze, prvenstveno onu ultimativnu – jugoslavenska zajednica ili velika Srbija. Novim romanom hrvatskim guskama nudi povratak na „jugoslavenstvo".

Unatoč svemu Globus je Draškovića i roman koji još nije izišao niti mu je poznat naslov, prikazao u najboljem svjetlu. Roman je i prije izlaska, piše Globus, „izazvao golem interes beogradske, ali i mnogo šire javnosti" (slijedi i nominacija za Nobelovu nagradu?), pa se pretpostavlja „da bi iz niza razloga mogao biti vrlo zanimljiv i hrvatskim čitateljima" (kriva pretpostavka). Ako ni zbog čega onda zato jer je „Drašković na njemu radio desetak godina, uz ostalo kao pravi povijesni istraživač, pročitavši i analiziravši nekoliko stotina dokumenata (i srpskih i inozemnih) od kojih su mnogi sve dosad bili posve nepoznati javnosti". Čisti oglas, reklama, propaganda i nametanje. K tomu prikazan je kao proeuropski orijentiran političar, premda je jedan od ključnih rehabilitatora četništva, desne ruke i ondašnjega „civilnoga društva" dinastije Karađorđević.

Drašković je svoju sklonost povijesnim istraživanjima i dokumentaristici odlično predstavio u romanu „Nož". U njemu je unatoč povijesnim vrelima dosljedno zamijenio krvnike i žrtve. Pokazao se kao krivotvoritelj, falsifikator, lažljivac, osoba s bolesnim fiksacijama. Njegova se „dokumentaristika" temelji na kombiniranju laži, fikcija i poluistina, te na „činjenicama" na razini „rekla-kazala". „Nož" je tipičan primjer literature autora koji širi mržnju i rasizam prema drugim narodima. I njegova kasnija

„literatura" („Molitva prva", „Molitva druga"...) služi za buđenje i aktivaciju najnižih strasti koje su svoj vrhunac doživjele u srbijanskim agresijama tijekom devedesetih godina prošloga stoljeća u brojnim masakriranjima, iživljavanjima nad mrtvim i živim ljudima. Svoju sklonost proučavanju dokumenata Drašković je dokazao i kad je pisao o Stepincu na temelju krivotvorenih pisama.

Ponovno afirmiranje Vuka Draškovića u Hrvatsku izraz je snage, bezobraštine i bezobzirnosti ovdašnjega jugoslavenstva. Globus piše kako je „Drašković i danas (je) politički aktivan... vrlo značajan čimbenik na javnoj i političkoj sceni u Srbiji... još od 2012. podržava – na svim izborima – političku opciju aktualnog predsjednika Srbije Aleksandra Vučića". Kako je ove 2018. godine četnik Vučić u Hrvatskoj proglašen „europskim Vučićem", izgleda da je Globus dobio zadaću proglasiti četnika Vuka Draškovića – „europskim Draškovićem". Takvo što je moguće provesti samo u nehrvatskoj Hrvatskoj. Stoga je usred Zagreba realno očekivati i svečano predstavljanje novoga romana „europskoga Draškovića", partnera „europskoga Vučića" čiji je „poslanik" u Hrvatskoj, stanoviti Pupovac, ključan faktor „političke stabilnosti" vlade Andreja Plenkovića. Roman bi uz Pupovca mogla predstaviti ministrica kulture Nina Obuljen-Koržinek, nitko se takvome scenariju ne bi iznenadio. I Drašković, naime, drži - „cijeli Balkan bit će strateško dvorište Zapada", znajući pritom da je službena Hrvatska već pristala na zapadnobalkansko pozicioniranje, što je (protuustavan!) preduvjet njezine nove jugoslavenizacije u bilo kom obliku. Otud insistiranje na kralju Aleksandru, ujedinitelju!

Globusovo šminkanje četnika Vuka Draškovića proteza je velikosrpske agresije, provođenje Memoranduma II., novo nametanje „duše i mozga Beograda" i turbofolk obilježavanje stoljeća srbijanskoga terora u Hrvatskoj (1918. – 2018.). Terora koji se provodio i jugoslavenskom i velikosrbijanskom retorikom, „literaturom", teorijom i praksom. Obje pozicije potrebno je radikalno poraziti, ako Hrvatska hoće opstati.

(hkv.hr, 25. rujna 2018.)

Proslava stote obljetnice balkanske krčme u Zagrebu

Proslava stote obljetnice (1918. – 2018.) beogradskoga velikosrpskoga "prisajedinjenja" Hrvatske, Bosne i Hercegovine i Vojvodine odvija se u Hrvatskoj na više razina. O promidžbi novoga romana četnika Vuka Draškovića u Globusu već sam pisao. Drašković je napisao roman o velikom kralju "ujedinitelju" Karađorđeviću, koji je od Jugoslavije navodno htio napraviti balkanske SAD. Autor, tema romana i Globus odlično su izveli proslavu stote obljetnice neprežaljene Jugoslavije kao proširene Srbije. Nisu, nažalost, jedini.

Da će se proslava i jugoslavenski dernek protegnuti i na Sveučilište u Zagrebu, nisam se nadao. Mjesec dana uoči kobne obljetnice rektor dr. Damir Boras sazvao je za 3. studenoga II. rektorski forum zapadnoga Balkana. Na ovu jugoslavensku provokaciju reagirao je Pokret za hrvatsku budućnost na svojoj fb stranici. Priopćaj PHB-a prenosim u cijelosti:

"Rektor Sveučilišta u Zagrebu, dr. Damir Boras, sazvao je za subotu, 3. studenoga u 14 sati u auli Sveučilišta II. rektorski forum zapadnoga Balkana, na kojem će sudjelovati 20 rektora iz osam država, od kojih sedam nastalih na području bivše Jugoslavije te Albanije.

Pojam "Zapadni Balkan" u službenoj i uvelike u neslužbenoj uporabi u Hrvatskoj, Europi i svijetu odnosi se na države bivše Jugoslavije koje još nisu ušle u Europsku uniju. Riječ je dakle o tehničkom terminu EU-a, a ne o geopolitičkom, regionalnom ili kulturološkom terminu. On se od g. 2013., tj. od ulaska Hrvatske u EU, primjenjuje na pet odnosno šest država (WB6) kandidatkinja ili aspirantica za članstvo u EU-u: BiH, Crnu Goru, Srbiju, Makedoniju, Kosovo te (kao pridodanu) Albaniju. Nipošto se (više) ne odnosi na Sloveniju i Hrvatsku. Hrvatska vlada i diplomacija nikada nisu ni prihvaćale da se taj naziv primjenjuje na RH, nego su radije govorile o "jugoistočnoj Europi". Utoliko je veći šok zbog održavanja rektorskog foruma u Zagrebu po kriteriju pripadnosti "Zapadnom Balkanu".

PHB smatra da se sazivanjem takva skupa izravno prkosi duhu Ustava RH, koji u Članku 142. određuje: "Zabranjuje se pokretanje postupka udruživanja Republike Hrvatske u saveze s drugim državama u kojem bi udruživanje dovelo, ili moglo dovesti do obnavljanja jugoslavenskoga državnog zajedništva, odnosno neke balkanske državne sveze u bilo kojem obliku." Utoliko skup u takvu formatu u organizaciji rektora zagrebačkog Sveučilišta smatramo i implicitnom geopolitičkom diverzijom. To sveučilište upravo je počelo slaviti 350. obljetnicu osnutka, g. 1669. Tada je Hrvatska bila ukotvljena u sasvim drugi sklop – zapadni, srednjoeuropski, mediteranski –dok joj je s Balkana prijetila dotad neviđena ugroza. U tom smislu, PHB ocjenjuje okupljanje rektora u zapadnobalkanskom formatu i kao povijesnu inverziju i kao kulturološku opstrukciju hrvatskog pamćenja, pripadnosti i identiteta.

Legitimno je i potrebno da države i subjekti surađuju na raznim osnovama s drugima. Primjerice kao što je to bilo ili može biti u okviru Radne zajednice podunavskih regija, Radne zajednice Alpe-Jadran, u okviru mediteranskih sveučilišta, Srednjoeuropske inicijative, Inicijative „Tri mora" ili čitave Europske unije, Europe, Ujedinjenih naroda i slično. Ali nije legitimno svrstavati vodeće hrvatsko sveučilište u okvir „Zapadnog Balkana" kao konstrukta kojemu Hrvatska ne pripada.

Pozivamo sve hrvatske znanstvene i kulturne institucije, a isto tako i stranke i udruge koje poštuju Ustav RH, baštinu tuđmanizma i žrtve krvave borbe za oslobođenje iz jugoslavenske „tamnice narodā" te koje poštuju načelo suverenizma odnosno nacionalnog samoodređenja da izraze neslaganje i ogorčenost, da prosvjeduju te da poduzmu druge korake kako se ovakve i moguće susljedne diverzije, i to tempirane za 100. godišnjicu nastanka I. Jugoslavije, ne bi događale".

U ovoj sam kolumni (Brisani prostor, hkv.hr) odavno najavio da će se stota obljetnica srbijanske okupacije Hrvatske, Bosne i Hercegovine i Vojvodine protegnuti kroz cijelu godinu. Stranke i kulturalne ustanove u Hrvatskoj sve to šutke promatraju, praveći se da se ništa ne događa. Za nositelje jugoslavenske ideje Jugoslavija je država koja nestaje i istodobno nastaje u bilo kom obliku.

Protekloga tjedna svjedočili smo u kontekstu otvaranja i medijskoga predstavljanja Festivala domoljubnoga filma Gordan Lederer, pokrenutoj hajki jugoslavenskih ekstremnih nacionalista. Osobito ih smeta demontaža mitova na kojima je, uz brutalnu silu i teror, počivala svaka „jugoslavija". Smeta ih povijesna istina i podsjećanje na stogodišnji teror Srbije nad Hrvatima. Hajku ovdašnjih jugoekstrema, kojoj se nijedna stranka nije suprotstavila, kao niti jedna državna ustanova ili visoki dužnosnik, odmah je iskoristio četnik Vučić i srbijanski ministar unutarnjih poslova. Kao da je stanje u Hrvatskoj u ingerenciji srbijanskih unutarnjih poslova, a Hrvatska „parče" Srbije.

Koliko sam upoznat neovisna i neklijentelistička braniteljska scena s osobitom pozornošću i zabrinutošću prati neojugoslavenska zbivanja, provokacije i podvale, kao i refleksije u hrvatskom društvu i politici. Ogorčenje raste podjednako i prema jugoslavenskim ekstremnim nacionalistima koji su premrežili društvo, medije i ustanove, jednako kao i prema benevolentnom odnosu hrvatskih državnih ustanova i parlamentarnih stranaka u poziciji i oporbi.

Dobro je da se rektor Boras razotkrio. No, nije dobro to što hrvatski sveučilištarci i diplomanti, među ostalim, i zbog jugoslavenskih provokacija i zbog zapadnobalkanskoga pozicioniranja hrvatske budućnosti napuštaju i Sveučilište i Domovinu. I bježe što dalje od balkanske krčme u koju se protuustavno i bez otpora utapa hrvatsku državu i hrvatski narod. Povijesno gledajući takve su akcije uvijek izazivale hrvatsku reakciju. Ne daj Bože dugo čekati!

(hkv.hr, 1. studenoga 2018.)

Analiza dokumenata
Srpsko narodno vijeće – budućnost Srba u Hrvatskoj

SNV se uopće ne bavi srpskom nacionalnom manjinom u Hrvatskoj, već nacionalnim pravima Srba, koja se mogu ostvariti samo u nacionalnoj državi Srba. Ostvarivanje nacionalnih prava Srba u Hrvatskoj protuustavno je djelovanje pod mjerodavnošću sigurnosnih služba. Hrvatska nije dio Jugoslavije ni u kom obliku. Njezin temelj je pobjeda u Domovinskom ratu, a ne pokojna Jugoslavija (velika Srbija).

Budućnost „Srba u Hrvatskoj" ili srpske nacionalne manjine u Republici Hrvatskoj?

U nakladi Srpskoga narodnoga vijeća izišlo je 500 primjeraka Biltena pod naslovom „Politička akademija SNV-a – budućnost Srba u Hrvatskoj". Bilten je uredio Dejan Jović, za nakladnika potpisan je prof. dr. sc. Milorad Pupovac (ISSN / 1849-7314). Izdanje su poduprli Ured za ljudska prava i prava nacionalnih manjina Vlade Republike Hrvatske i Grad Zagreb. Projekt „Politička akademija SNV-a – budućnost Srba u Hrvatskoj" predstavljen je u veljači 2018. predsjednici Republike Hrvatske i predsjedniku Republike Srbije u nazočnosti mitropolita Porfirija, urednika Jovića, nakladnika Pupovca i medija.

Polaznici politakademije SNV-a (ukupno 16) napisali su odgovore na postavljena pitanja o tome što vide „kao glavne probleme s kojima se suočavaju Srbi u Hrvatskoj – na lokalnoj razini i na nacionalnoj razini", te „kako vide budućnost Srba u Hrvatskoj u narednih desetak godina, s ciljnom godinom 2027.? Što se može učiniti – ako se išta može učiniti – da se problemi koje su identificirali u odgovoru na prvo pitanje riješe i da se položaj srpske zajednice unaprijedi u odnosu na sadašnje stanje?". Kao što se iz pitanja vidi, polazište projekta nije srpska nacionalna manjina u Republici Hrvatskoj, već „Srbi u Hrvatskoj" i „srpska zajednica" na lokalnoj i nacionalnoj razini.

Po prikupljanju domaćih uradaka uslijedila je zajednička raspra. „Smisao rasprave, kao i prethodnog eseja, bio je u stvaranju kolektivnog odgovora na postavljena pitanja oko kojeg se svi ili velika većina sudionika (polaznika Političke akademije SNV-a, nap. NP) mogu složiti", piše urednik Jović. Kolektivni odgovor oko kojega se većinski slažu, dakle, izvedenica je osobnih mišljenja, osjećaja i rasprave uskoga kruga polaznika i „aktivista iz redova srpske zajednice". Koliko je, međutim, kolektivni odgovor objektivan, pitanje je koje zahtijeva odgovor. Dokument ima dva dijela. Ovdje se bavimo prvim.

Glede problema vezanih uz lokalnu razinu polaznici Jovićeve akademije i aktivisti Pupovčeva SNV-a usvojili su nekoliko „kolektivnih odgovora" oko kojih se većinski slažu. Na prvom je mjestu loša „lokalna infrastruktura, posebno u selima u kojima Srbi čine većinu stanovništva". Problem je moguće realan, međutim, nitko u Hrvatskoj nema lošu komunalnu infrastrukturu zato što je pripadnik srpske, ili bilo koje druge nacionalne manjine. Ovako definiran problem predstavlja perfidnu podvalu. Država bi bila pred totalnim rasućem kad bi svaka nacionalna manjina tvrdila kako ima lošu lokalnu infrastrukturu samo zbog pripadnosti određenoj manjini. Ozbiljna nacionalna manjina u pravilu se ponaša ozbiljno na lokalnoj i na nacionalnoj razini. No, SNV nije nacionalna manjina, ono, samozvano i od države nenadzirano a izdašno financirano, priprema „kolektivne odgovore", to jest obnavlja uzletišta političkoga srpstva u Hrvatskoj.

Na drugom je problemskom mjestu „nedostatak kulturnih sadržaja u manjim mjestima, posebno selima". Zbog toga se „stvara osjećaj" da se „sve aktivnosti događaju u većim mjestima". Kolektivni odgovor političke akademije SNV-a zaključuje kako navedeni „osjećaj" – „stvara potrebu za iseljavanjem iz manjih mjesta i pobuđuje osjećaj zanemarenosti". Ovdje imamo sinergiju dva neugodna osjećaja. Oba se, čini se, mogu riješiti pojačanim angažmanom kulturne i smanjenjem političke sastavnice SNV-a u koju spadaju zahtjevi poput uvođenja ćirilice u Vukovar, srpskoga jezika u Hrvatski sabor, teritorijalni getoi po uzoru na sao i rsk, ili zahtjevi za statusom političkoga naroda u Hrvatskoj.

Treći kolektivni odgovor polaznici i aktivisti SNV-a formulirali su kao „neusklađenost politika na nacionalnoj s onima na lokalnoj razini". Naime, „iako su srpski zastupnici uključeni u politiku na nacionalnoj razini, nisu svugdje na lokalnoj, a ako i jesu, nema dovoljne koordinacije između predstavnika na tim dvjema razinama". Problem je u tome kako stvoriti uvjete da „srpski zastupnici" budu zastupljeni „svugdje na lokalnoj razini". Iz povijesti je poznat recept. Naime, tako da svi Srbi žive u jednoj državi. Rješenje je, međutim, moguće ostvariti u Republici Srbiji i Republici srpskoj na čelu s europskim Vučićem i Dodikom.

Od lokalnih problema izdvojimo i ovo: „U krajevima u kojima je rat ostavio vidljivijeg traga postoji veća distanca između Srba i Hrvata. U drugim krajevima izraženiji su problemi asimilacija i 'skrivanje identiteta'". U Biltenu „rat" nije definiran kao velikosrpska agresija s plebiscitarnom pobunom „Srba u Hrvatskoj" i „srpske zajednice". On je naprosto rat. Asimilacija nacionalnih manjina primjetna je u svim državama. Recimo, asimilacija hrvatske nacionalne manjine u Srbiji je danas nesagledava, dok je prisilno iseljavanje manjinskih Hrvata iz Srbije bilo sastavnim dijelom velikosrpske agresije.

Ozbiljni problemi s kolektivnim problemima navedenima u Biltenu počinju kod nabrajanja zajedničkih na lokalnoj i nacionalnoj razini. Polaznici i aktivisti SNV-a na prvo su mjesto uvrstili „negativno prikazivanje Srba u medijima, uključujući i one najvažnije". Dokument ne navodi nijedan primjer medija u Hrvatskoj, koji je negativno prikazao Hrvate pripadnike srpske nacionalne manjine. Kolektivni odgovor, međutim, kaže – „zbog negativne uloge medija ostaje 'neugodno biti Srbin ili Srpkinja'", čime zaključak u Bilten uvodi i treći osjećaj (neugode). Sada imao tri loša osjećaja: nedostatka, zanemarenosti i neugode. Ona u sinergiji vode prema kultu ugroženoga Hrvata srpske nacionalnosti.

Poslije uvođenja kulta ugroženosti na osjećajnoj osnovi na red dolazi ključna, velika laž prispodobiva najboljim tradicijama velikosrpske ideologije. Kolektivni odgovor SNV-a, kao drugi problem imanentan i lokalnoj i nacionalnoj razini navodi „trend 'nove fašizacije' u društvu koji je vidljiv i po povećanju broja napada na Srbe i na objekte/simbole važne za srpski nacionalni identitet". U Hrvatskoj Hrvati srpske nacionalnosti mogu imati samo manjinski identitet, a ne nacionalni. Hrvatska je, nadalje, prema Srbima uvijek u nekoj mjeri fašistička, još „od 16. veka" (V. Krestić). Ne navodi se nijedan egzaktan pokazatelja o tome da je „broj napada" povećan, ili da je nedvojbena posljedica „nove fašizacije u društvu". Bilten se stoga poziva na prethodne biltene SNV-a i navodi: „Od 2013., kako pokazuju i izvještaji objavljeni u biltenima SNV-a, raste broj fizičkih napada, što potiče bojazan i strah kao i želju za 'skrivanjem identiteta', odnosno za etničkom mimikrijom".

Sljedeći lokalnonacionalni problemi jesu „trendovi asimilacije, koji su vidljivi u podozrenju prema upotrebi riječi koje pripadaju specifično srpskoj varijanti jezika kao i u oklijevanju u proslavi srpskih praznika, naročito krsnih slava" (srp. „podozrenje" = hrv. sumnja, nagađanje, slutnja).

Dosljedno provođenje članka 12. Ustava Republike Hrvatske nije asimilacija – u Hrvatskoj je službeni hrvatski jezik. Nagađanje pak o navodnom postojanju srpske inačice hrvatskoga jezika je opravdano. Srpska inačica hrvatskoga jezika ustavnopravno ne postoji. Srpski praznici u Republici Hrvatskoj nisu hrvatski. Svi blagdani i praznici regulirani su Zakonom i odnose se na sve državljane Republike Hrvatske. Neke od njih predstavnici „Srba u Hrvatskoj" i „srpske zajednice" ne prihvaćaju (Dan pobjede i domovinske zahvalnosti, Dan hrvatskih branitelja, Dan sjećanja na žrtve Vukovara 1991....), a neke nepostojeće obilježavaju (u Srbu Dan ustanka naroda Hrvatske) – to je objektivni problem. Krsne slave su obiteljski blagdani pravoslavnih vjernika. Vjernici Hrvatske pravoslavne crkve u tom pogledu ne izražavaju nikakve probleme. Iz svega proizlazi kako ovaj „problem" zapravo ne postoji.

Novi lokalnonacionalni problem odnosi se na „odlazak mladih Srba iz

Hrvatske, naročito iz krajeva u kojima nema mogućnosti zapošljavanja". Problem iseljavanja je općehrvatski i nije vezan specifično uz srpsku nacionalnu manjinu. Naravno da „to dovodi do vrlo loše starosne strukture stanovništva". Međutim, „istaknuto je da je srpsko stanovništvo u prosjeku daleko starije od hrvatskog". I? Čemu usporedba starosne dobi srpske nacionalne manjine sa starosnom dobi političkoga naroda u nacionalnoj državi hrvatskoga naroda? Usporedba pokazuje intenciju prema jugokomunističko-velikosrpskom modelu pokorene Hrvatske s dva politička naroda u kojemu je malobrojniji u svemu morao biti povlašten, pa otud i usporedba sa „starosnom strukturom". Politički narod se uspoređuje s političkim narodom. Nacionalne manjine s nacionalnim manjinama.

Na red dolaze materijalna prava s naglaskom na „izbjeglice". „Diskriminacija u primjeni prava koja su garantirana zakonom, a naročito pri zapošljavanju te ostvarivanju usluga socijalne skrbi i zdravstvenih usluga, prava bivših nositelja stanarskog prava kao i mirovinskih prava. Posebno se to odnosi na ljude koji su bili izbjeglice, a koji su nakon povratka u Hrvatsku naišli na velike teškoće u ostvarivanju svojih prava". Ovdje više nisu u pitanju osjećaji, već izravne tvrdnje. Jesu li istinite?

Srpska nacionalna manjina u Hrvatskoj uživa nevjerojatna prava. Nije diskriminirana. Naprotiv. Ako se i čini da jest, onda je, glede povratka, u manjoj mjeri diskriminirana u odnosu na hrvatski politički narod. Primjerice, poslije povratka u Hrvatsku, došavši iz dijaspore, pripadnici većinskoga naroda, Hrvati, ostvarili su manje prava iako su politički narod, negoli povratnici srpske nacionalne manjine koji su sudjelovali u agresiji na Hrvatsku i potom dragovoljno otišli, jer Republiku Hrvatsku nisu prihvatili kao svoju domovinu, te iako nisu politički narod. Na toj razini Bilten ne vidi nikakav problem. Dakle, ni ta navodna diskriminacija nije specifičan problem srpske nacionalne manjine u Hrvatskoj. Ali jest izraz težnje da se postane političkim narodom u nacionalnoj državi hrvatskoga naroda, koji je jedini politički narod u Republici Hrvatskoj. Onoj koja financira SNV i njegove političke i medijske projekte.

U srpske probleme na lokalnoj i nacionalnoj razini uvrštena je i pravna nesigurnost. Nju „pripadnici srpske zajednice osjećaju u vezi s presudama". Opet je u pitanju kombinacija „srpske zajednice" i „osjećaja", umjesto srpske nacionalne manjine i objektivnih pokazatelja. Naime: „Srbi nemaju osjećaj da je pravosuđe neutralno u odnosu na nacionalnu pripadnost". Hrvati, međutim, mogu egzaktno, ne prema osjećaju, dokazati da su zbog svoje nacionalne pripadnosti i spremnosti za obranu domovine od velikosrpske agresije tretirani od hrvatskoga (nelustriranoga) pravosuđa prema kriteriju izjednačavanja agresora i žrtve.

Problematična su „suđenja u odsutnosti, hapšenja na granicama... Srba koji žive u inozemstvu, a suci ne sude svima jednako". Oni Hrvati srpske nacionalnosti koji žive u inozemstvu, nisu pripadnici srpske nacionalne manjine u Hrvatskoj, ali, izgleda jesu dio „srpske zajednice" i „Srba u Hrvatskoj". U dokumentu se nijednom riječju ne spominje smeta li Hrvatima, bilo koje nacionalnosti, da se zločinci iz razdoblja velikosrpske agresije srpske nacionalnosti ne procesuiraju, što bi za budućnost srpske nacionalne manjine moralo biti važno. Nije valjda točno da dokument SNV-a smatra da u „Srbe u Hrvatskoj" i „srpsku zajednicu" ravnopravno spadaju pripadnici srpske nacionalne manjine kao što su neosuđeni četnici, teroristi, koljači, silovatelji, ratni zločinci, ministri okupatorske tvorevine Republike srpske Krajine, predsjednici i članovi skupština odmetnutih „veća opština", oblasti i krajina. Ako spadaju, onda je cijela srpska nacionalna manjina s pravom u pravnoj nesigurnosti, jer neki zločini nikad ne zastarijevaju. Zato ih se jednoga po jednoga mora individualizirati, locirati, uhititi, transferirati i pravedno suditi. O tomu je li problematičan srbijanski tzv. univerzalni zakon dokument znakovito šuti, premda izravno i neizravno šteti srpskoj nacionalnoj manjini u Hrvatskoj.

Idući je problem Političke akademije i njezinih 16 polaznika, sljedeći – „neispunjena obećanja – na svim razinama". E, tu se možemo djelomično složiti, jer, kako vidimo i „Srbima se mnogo toga obećava pred izbore". Ne može se, međutim, većinski narod složiti s nastavkom – „a u pravilu se kasnije nakon izbora, ništa od onoga što je obećano ne ostvari". Naime, prije izbora ni u Sanaderovo, niti u Plenkovićevo doba, nije obećano da će HDZ ući u vladajuću koaliciju sa SDSS-om. Poslije izbora, izbornom prijevarom HDZ-a, SDSS je postao dio Vlade. Stoga se poslije izbora „srpskoj zajednici" ostvaruje i više političkih i sinekuralnih prava negoli je prije izbora obećano. Problem postizbornih prijevara batina je s dva kraja, ali opet nije specifično vezan samo uz srpsku nacionalnu manjinu, na koju se zapravo najmanje odnosi. Postizbornim prijevarama najviše gubi većinski politički narod, ali to, dakako, nije problematizirano u dokumentu. Navedeni problem zapravo uopće nije problem srpske nacionalne manjine. On je problem neutaživa apetita SNV-a, njegova predsjednika koji je na izravnoj liniji s Beogradom, o čemu je predsjednik Vučić nedavno osobno svjedočio „Srbima u Hrvatskoj" u Lisinskom i „srpskoj zajednici" u Olujom oslobođenim krajevima.

Problema ima još. Istaknimo: „Siromaštvo srpskog stanovništva". To je općehrvatski problem. Nitko u Hrvatskoj nije siromašan zato što je Hrvat srpske nacionalne manjine.

Opaske za daljnje razmatranje o budućnosti SNV-ove zajednice i srpske nacionalne manjine

1. Kod prikaza metodologije rada pri izradbi kolektivnih odgovora i kod navođenja najvažnijih problema, Bilten „Politička akademija SNV-a – budućnost Srba u Hrvatskoj" u svom prvom dijelu nijednom nije upotrijebio ustavnopravno ispravni termin „srpska nacionalna manjina u Hrvatskoj". Umjesto njega koristi pravno nepostojeće termine: „srpska zajednica" i „Srbi u Hrvatskoj". Stoga je Bilten izvor problema, a ne rješenje.

2. Cilj projekta bio je doći do „kolektivnog odgovora" cijele „srpske zajednice" i „Srba u Hrvatskoj" na temelju uradaka i raspre „16 polaznika" Političke akademije SNV-a Dejana Jovića. Iz toga proizlazi da se dokument objavljen u Biltenu SNV-a poduprtim Vladom i Zagrebom, uopće ne odnosi na srpsku nacionalnu manjinu u Hrvatskoj, niti može objektivno izražavati njezino „kolektivno" mišljenje o budućnosti do godine 2027. Unatoč tome predstavljen je kao relevantan predsjednicima dviju država s „prostora bivše Jugoslavije" i, koliko je javnosti poznato, nikome drugome.

3. Nakladnik „SNV se bavi zaštitom i promocijom ljudskih, građanskih i nacionalnih prava Srba, te pitanjima njihova identiteta, participacije i integracije u hrvatsko društvo. Vijeće je osnovano na temelju Erdutskoga sporazuma". Erdutski sporazum ne predviđa osnivanje SNV-a. Erdutski sporazum odnosi se na odavno isteklo „prijelazno razdoblje". SNV se, dakle, uopće ne bavi srpskom nacionalnom manjinom u Hrvatskoj, već nacionalnim pravima Srba, koja se mogu ostvariti samo u nacionalnoj državi Srba. Ostvarivanje nacionalnih prava Srba u Hrvatskoj je protuustavno djelovanje pod mjerodavnošću sigurnosnih službi.

4. Za nakladnika je potpisan predsjednik SNV-a Milorad Pupovac, koji je i predsjednik SDSS-a, čime je u sukob interesa dovedena jedna udruga civilnoga društva i jedna politička stranka. O tom problemu izbjegava raspravljati Povjerenstvo za sukob interesa. Dodatni objektivan problem je u tome što je SDSS politička „stranka koja objedinjuje, oblikuje i usmjerava političku volju i djelovanje srpske zajednice u Republici Hrvatskoj", a ne srpske nacionalne manjine. Zajednica ili nacionalna manjina, pitanje je koje glede budućnosti traži jasan odgovor većinskoga naroda i prethodno rješenje narečene nacionalne manjine o tome što u Hrvatskoj ona doista jest. Potpisani nakladnik

vješto manipulira između različitih pojmova i određenja, te na temelju manipulacije ostvaruje političke i osobne ciljeve i preferencije. Moguće i zablude.

5. Urednik Biltena (br. 13) i šef Akademije SNV-a profesor je Fakulteta političkih znanosti. S obzirom na to da Bilten neutemeljeno izravno optužuje Hrvatsku za diskriminaciju, fašizaciju, asimilaciju, pravnu nesigurnost, infrastrukturno zapostavljanje, jezično ismijavanje i medijsku sotonizaciju „Srba u Hrvatskoj" i „srpske zajednice" na lokalnoj i nacionalnoj razini nacionalne države hrvatskoga naroda, postavlja se pitanje što prof. Dejan Jović predaje hrvatskim sveučilištarcima, ako zastupa i uređuje kult i mit o ugroženome Srbinu u Hrvatskoj i u civilnome društvu proizvodi „veštačku" fašizaciju hrvatske države.

6. Bilten SNV-a koristi prazan (znanstveni, objektivan) prostor i puni ga subjektivnim osjećajima i prežvakanim mitovima, umjesto da potakne objektivna, nezavisna znanstvena istraživanja o položaju i projekciji budućnosti srpske nacionalne manjine u Hrvatskoj.

7. Dokument srpsku nacionalnu manjinu u Hrvatskoj dijeli na lokalnu i nacionalnu, umišljajući da upravo SNV predstavlja „srpsku zajednicu". Svrha podjele je dokazati ugroženost „srpske zajednice" i „Srba u Hrvatskoj" ma gdje u Hrvatskoj živjeli, radili, ili se iz nje iseljavali, ili pak doseljavali kao „izbjeglice". Ugroženost je svenazočna i s obzirom na cjelokupan, lokalni i nacionalni, teritorijalni i upravni korpus države Hrvatske, što je podloga za osuvremenjivanje kulta i osvježenje mita ugroženoga Srbina.

8. Glavnu strukturu istaknutih problema čine optužbe Hrvatske za a) medijsku sotonizaciju, b) novu fašizaciju, c) jezičnu neravnopravnost i d) pravnu nesigurnost. Time dokument zapravo zahtijeva za „Srbe u Hrvatskoj" i „srpsku zajednicu" još izraženiju medijsku povlaštenost, antifašističku privilegiranost, jezični unitarizam i pravnu nedodirljivost.

8.a) SNV izdaje godišnje biltene u kojima medijski sotonizira Hrvate. SNV izdaje tjednik Novosti u kojemu se kontinuirano ismijavaju sve vrjednote koje baštini većinski politički narod. Pritom oba medija stvaraju ozbiljne probleme i razdor na relaciji između većinskoga naroda i lojalne srpske nacionalne manjine. O tome objektivnome problemu u dokumentu nema ni slova. Bilten, dakle, koristi metodu zamjene teza, budući da upravo mediji SNV-a medijski sotoniziraju i etiketiraju svoje mete.

8.b) Nova fašizacija je opasna izmišljotina nelustriranih komunista i velikosrba, koji zajedničku politiku provode pod egidom „antifašizma". Fašizacija, međutim, doista postoji onoliko koliko se umjetno (srp. „veštački") proizvodi. Proizvodi se, među ostalim, i u SNV-u. Proizvodnju fašizacije dokument ne vidi kao objektivan problem za budućnost „Srba u Hrvatskoj", ali on je nedvojbeno problem za srpsku nacionalnu manjinu u Hrvatskoj, kao i za većinski politički narod i njegovu nacionalnu državu.

8.c) Među probleme nije istaknuta praksa da zastupnici SDSS-a u Hrvatskome saboru govore srpskim jezikom (slučaj zastupnice Dragane Jeckov), čime je prekršen Poslovnik o radu Hrvatskoga sabora i Ustav Republike Hrvatske, te dodan gas prema „zajedničkom jeziku", odnosno jezičnoj unitarizaciji. Dokument Političke akademije problem nepoštivanja hrvatskoga jezika, kao službenoga jezika, od strane „Srba u Hrvatskoj" i „srpske zajednice" ne vidi kao problem koji utječe na njihovu budućnost do 2027. I što je najgore, vjerojatno je u pravu sve dok je u Hrvatskoj na vlasti izborna prijevara od koje izravnu korist ima i Nakladnik i osoba potpisana „za nakladnika".

8.d) Je li problem koji utječe na budućnost „Srba u Hrvatskoj" činjenica što hrvatsko pravosuđe tu i tamo osudi nekoga pripadnika „srpske zajednice" koji je sudjelovao u agresiji na Republiku Hrvatsku i pritom napravio zločin koji ne zastarijeva? Ako jest, znači li to da se Politička akademija i SNV zalažu za univerzalnu jurisdikciju srbijanskoga pravosuđa? Nije li to onda, ne osjećaj, već objektivan problem hrvatske države? Zašto Politička akademija SNV-a o njemu šuti i ne problematizira ga?

9. Dokument dosljedno izbjegava povijesne kontekste i određenje prema agresiji na Hrvatsku (Srbije, Crne Gore i pobunjenih Srba u Hrvatskoj). Nijedan navedeni problem u dokumentu nije bio problem u doba Socijalističke republike Hrvatske i Republike srpske Krajine u kojima su Srbi bili politički narod s pravom odcjepljenja ili s konzumiranim pravom odcjepljenja.

10. U većem dijelu dokument se poziva na „osjećaje". U nijednom dijelu se ne poziva na egzaktne podatke. U jednom dijelu poziva se na prethodne interne interpretacije Nakladnika (SNV-a). Izvan kruga SNV-a dokument ne prihvaća nikakve informacije. Dakle, u neku ruku je jednouman, premda bi trebao biti informacijski pluralan kad govori o tako ozbiljnoj temi kao što je budućnost do 2027.

11. Za budućnost srpske nacionalne manjine u Hrvatskoj izuzetno je važno poštivati Ustav Republike Hrvatske. Nepoštivanje Ustava, međutim, nije istaknuto kao lokalni, ni kao nacionalni problem, premda je temeljni problem.

12. Dokument je dominantno pisan s uzletišta (platforme) kvalifikacija koje vrijede samo unutar SNV-a. Stoga dokument i ne može pridonijeti pomirbi, integraciji i suživotu. Unaprijed su isključeni dostupni rezultati znanstvenih ustanova i, primjerice, upozorenja sigurnosnih službi u Republici Hrvatskoj o porastu lijevoga i četničkoga ekstremizma, koji sigurno utječu i na budućnost „Srba u Hrvatskoj", ali još više na budućnost srpske nacionalne manjine u Hrvatskoj.

13. Nijedna tvrdnja kojom autori dokumenta optužuju Republiku Hrvatsku za svoj navodno diskriminirani položaj, nije potkrijepljena nijednim (brojkom: 0) objektivnim podatkom.

14. U dijelu u kojemu optužuje Republiku Hrvatsku za (najmanje) „novu fašizaciju", dokument je utuživ po službenoj dužnosti i morao bi se prebaciti u fokus i mjerodavnost Državnoga odvjetništva. Osobito stoga što je predstavljen najvišim razinama vlasti dviju država, Hrvatske i Srbije, koje je moguće dovelo u zabludu, čime je dokument dobio i međunarodnu dimenziju (na razini, istina, nepostojećega Zapadnoga Balkana), te bi kao takav mogao utjecati na Strategiju za Zapadni Balkan Europske unije, što bi za Hrvatsku nove fašizacije bilo izuzetno loše.

15. Iz nedavnoga povijesnoga iskustva možemo zaključiti kako za razliku od lojalne srpske nacionalne manjine, „Srbi u Hrvatskoj" i „srpska zajednica" SNV-a nisu imale problema s osjećajima, novom fašizacijom, pravosuđem, brojem napada, jezikom i komunalnom infrastrukturom na okupiranim područjima međunarodno priznatoga teritorija Republike Hrvatske.

15.1 Kakve je probleme izazvala pobuna Srba u Hrvatskoj usklađena s agresijom Srbije i Crne Gore na Hrvatsku, i imaju li posljedice unutarnje petokolonaške pobune refleksije na današnje stanje u kojemu nema dovoljno kulturnih događaja, kvalitetne infrastrukture, ali ima različitih osjećaja, prvi dio Biltena ne govori ništa.

15.2 U projekciji budućnosti do 2027. Bilten ne govori o tome u kojoj bi se mjeri navedeni problemi „Srba u Hrvatskoj" i „srpske zajednice" mogli riješiti uz pomoć isplate ratne odštete za porušenu komunalnu, kulturalnu, sakralnu, zdravstvenu, obrazovnu, prometnu i svaku drugu infrastrukturu počinjenu u „ratu" na području Republike Hrvatske od strane agresora: Srbije,

Crne Gore i pobunjenih „Srba u Hrvatskoj".

2. Kako popraviti stanje nepostojećega političkoga naroda u Hrvatskoj?

Kao uvod u drugi dio Biltena 13 „Politička akademija SNV-a – budućnost Srba u Hrvatskoj", urednik je naveo „pet glavnih problema s kojima se suočava sadašnja generacija Srpkinja i Srba u Hrvatskoj". Polaznici akademije i aktivisti SNV-a kao najveći problem istaknuli su „ekonomsku nerazvijenost" u „krajevima gdje su Srbi brojniji". Ekonomska nerazvijenost u Hrvatskoj nije povezana s nijednom nacionalnom manjinom. Tako ni srpskom.

Na red dolaze problemi povezani „s pitanjima identiteta i percepcije stvorene u javnosti". Oni su „direktna posljedica produživanja rata stalnim isticanjem njega kao temelja hrvatskoga identiteta te kontinuiranog stvaranja osjećaja kolektivne krivnje koja obuhvaća cijelu populaciju Srba u Hrvatskoj". Izravna posljedica „rata" (čitaj - velikosrpske agresije), među ostalim, i ekonomsko je zaostajanje Hrvatske. Pitanje srpskoga identiteta i njegove percepcije u hrvatskoj državi nije povezano s nametanjem kolektivne krivnje srpskoj nacionalnoj manjini. Problem je što „Srbi u Hrvatskoj" nameću kolektivnu krivnju većinskome narodu i njegovoj nacionalnoj državi, pritom ne priznaju da je oslobodilački Domovinski rat temelj Republike Hrvatske. Tom kolektivnom krivnjom od 1945. do danas obuhvaćeno je nekoliko naraštaja većinskoga naroda, a od proizvodnje krivnje odlično je živjela elita „Srba u Hrvatskoj". Nametanje kolektivne krivnje Hrvatima i hrvatskoj državi jedan je od važnih uzroka iseljavanja Hrvata i „ekonomske nerazvijenosti" njihove nacionalne države.

Idući problem je „neravnopravnost i nemogućnost ostvarivanja prava, čak i onih koja su garantirana Ustavom i zakonima". U odnosu na Hrvate, „Srbi u Hrvatskoj" su ravnopravniji, jer uživaju „pozitivnu diskriminaciju", koju su im mimo volje većinskoga naroda, darovale odnarođene elite i duboka država sastavljena od nelustriranih ostataka komunističkoga totalitarnoga režima. Prava u Hrvatskoj ostvaruju jednakim tempom svi državljani bez obzira na nacionalnu pripadnost, osim ako nisu iz hrvatskoga iseljeništva ili Bosne i Hercegovine – oni ih ili ne mogu uopće ostvariti, ili ih ostvaruju uz velike prepreke duboke države u koju spadaju i nelustrirane elite „Srba iz Hrvatske". Kad se govori o pravima, onda su ona neodvojiva od dužnosti. Pravo je pitanje u kojoj mjeri problemima pridonose narušavanje i negiranje zakonom propisanih blagdana i praznika, te komemoriranja hrvatskih žrtava stradalih od totalitarnih režima monarhističke i komunističke Jugoslavije, terorističkototalitarnoga režima RSK, kao i od četničkih pobuna protiv hrvatske državnosti.

U probleme su uvršteni „obrazovanje i osposobljavanje koji bi omogućili aktivan privredni i društveni život". Problem su i „nepovoljni demografski trendovi" izazvani zbog „snažnih asimilacijskih trendova, starosne strukture stanovništva i intenzivnijeg odlaska mladih Srpkinja i Srba iz Hrvatske". Ako „Srbi iz Hrvatske" odlaze iz Hrvatske zbog asimilacije, kako se onda objašnjava odlazak mladih Hrvatica i Hrvata, Talijana i Talijanki, Čeha i Čehinja.... Zbog asimilacije? Republika Hrvatska nema točne podatke o najnovijem valu iseljavanja, pa prema tome u ovom trenutku ne postoje podatci koji potkrjepljuju „intenzivniji odlazak mladih Srpkinja i Srba iz Hrvatske".

Idući odjeljak Biltena 13 odnosi se na probleme „srpske zajednice". Pritom se ne definira pojam „srpske zajednice". On se pretpostavlja, podrazumijeva (već je negdje usvojen), može se široko tumačiti, ovisno o osobnim osjećajima i kolektivnim predodžbama. Srpska zajednica može značiti zajednicu svih Srba na svijetu, Srba u Srbiji, Srba Zapadnoga Balkana, Srba okupljenih oko SNV-a, Srba u Velikoj Srbiji, Srba u „rasejanju" okupljenih oko vlade RSK u „izgnanstvu" i tako dalje. Republika Hrvatska ne poznaje taj termin. Ona govori o srpskoj nacionalnoj manjini.

„Srpska zajednica" uočila je „nedostatak jasne strategije vlastitog razvoja", pri čemu „pokazalo se da je model 'velike koalicije' koristan za srpsku zajednicu te je oko strateških pitanja potrebno postići širi legitimitet i zajedništvo". Očito je riječ o potrebi političke strategije za interese političkoga srpstva u Hrvatskoj, a ne strategije razvitka srpske nacionalne manjine u Republici Hrvatskoj. Odakle početi pisati „strategiju"? Od „Srbi sve i svuda", „Načertanija", „Homogene Srbije", „Memoranduma SANU", ili od Ustava Republike Hrvatske? Bez određenja „izvorišnih osnova", strategija nije strategija. I tko će platiti pisanje strategije? Vladin ured i Grad Zagreb?

U probleme „srpske zajednice" spada i „heterogenost po pitanjima identiteta" što je posljedica njezine „raspršenosti unutar Hrvatske", pa treba raditi na unutarnjem upoznavanju i razmijeni „iskustva koja nisu ista u svim dijelovima Hrvatske". Problem heterogenosti mogao bi se riješiti tako da se „srpska zajednica" homogenizira. No, i kad je „srpska zajednica" bila homogenizirana u RSK, nije riješila nijedan problem, a stvorila je mnoštvo novih. Čini se kako bi za rješavanje ne samo ovoga problema bilo najbolje da „srpska zajednica" prihvati status nacionalne manjine u Republici Hrvatskoj i počne se baviti pitanjima kojima se bave sve nacionalne manjine u Europskoj uniji.

Nadalje, „unutar zajednice potrebno je detabuizirati teme koje se odnose na prošlost te je važno biti otvoren za dijalog s drugima, prije svega s Hrvatima, s kojima živimo u skoro svim mjestima Hrvatske". U svim mjestima Hrvatske „srpska zajednica" živi s Hrvatima, bez obzira na njihovu nacionalnu pripadnost. I pripadnici „srpske zajednice" su Hrvati, ako žive u nacionalnoj državi hrvatskoga naroda.

Nadalje, „zajednica se ne smije getoizirati, a njezin odnos prema drugim zajednicama, a posebno hrvatskoj, treba biti temeljen na principima građanske solidarnosti, a ne na politici 'mi' ili 'oni'". Ne postoji hrvatska zajednica u Republici Hrvatskoj, već hrvatski narod. „Srpska zajednica" već se getoizirala čim je prihvatila kombinaciju rastezljivih termina „srpska zajednica" i „Srbi u Hrvatskoj" umjesto ustavnopravnoga termina koji ju definira unutar Republike Hrvatske.

Republika Hrvatska nije država različitih zajednica. Ona je nacionalna država hrvatskoga naroda. Državljanin Republike Hrvatske zove se Hrvat. Kao što se u Francuskoj zove Francuz. Dođe li unutar „srpske zajednice" do „detabuizacije" tema koje se odnose na prošlost, većinski narod će prihvatiti dijalog. Odakle početi dijalogizirati? Od detabuizacije četničkoga ustanka u Srbu? Oluje? Uzroka velikosrpske agresije? I tko će voditi taj dijalog od strane „srpske zajednice", urednik Jović ili nakladnik Pupovac, ministar terorističke vlade RSK Stanimirović ili „europski" Vučić od Glina, ideolozi „srpske zajednice" ili etnobiznismeni „Srba u Hrvatskoj"?

Općinjenost Hrvatima razvidna je u sljedećem problemu, koji kaže da je potrebno „više raditi na sebi kako bi Srbi u Hrvatskoj (ne više „srpska zajednica", nap. NP) bili uspješni" i „postali uzor ne samo Srbima u Hrvatskoj nego i Hrvatima. Time bi se najbolje promijenila slika o Srbima". Srbi mogu biti uzor Hrvatima u Republici Hrvatskoj samo ako se Hrvatima silom nametne srpska uzoritost! I nikako drukčije. Nigdje u svijetu nacionalna manjina ne radi na sebi tako da postane uzorom većinskom političkom narodu. Predstavlja li „promjena slike o Srbima", iskorak iz nacionalne manjine u politički narod? Stvar je u ovoj točki (srp. „tački") definirana jednoznačno i moguće ju je interpretirati, pa i čitati, kao obnovu već viđenih odnosa koji su vladali kad su Srbi bili politički narod u Hrvatskoj, što je u Hrvatskoj dokinuto ukidanjem jugokomunističkoga poretka, uvođenjem demokratskoga i obnovom hrvatske nacionalne države, te njezinim oslobođenjem od velikosrpske okupacije.

Peto, "potrebno je snažnije uvesti u javni život novu generaciju Srba i Srpkinja, rođenu nakon 1991." koja "nije sudjelovala u ratnim događajima" jer "ima veće šanse da stekne povjerenje Hrvata kao i da osmisli novu, prema budućnosti okrenutu agendu. Ta bi nova generacija trebala nastojati izaći iz tradicionalističkih okvira koji nisu primjereni za novo doba". Dobro je misliti na nove naraštaje. Međutim, nije posao SNV-a uvođenje u javni, dakle, politički život Srbe i Srpkinje rođene bilo kad i bilo gdje. Pripadnicima srpske nacionalne manjine najbolje je da uđu u javni, politički život kroz legalne ustanove i stranke, a ne kroz strukture ideologa "srpske zajednice" i etnobiznisa "Srba u Hrvatskoj".

Nadalje, dokument preporuča taktiku političkoga srpstva o tome da "treba osmišljenije i svrsishodnije koristiti moć veta kako bi se postigli ciljevi važni za srpsku zajednicu". Veto nacionalne manjine u svakoj nacionalnoj državi više nije mala zafrkancija, kao i "postaviti donju crtu ispod koje se neće podržavati političke opcije koje ne poštuju interese srpskih glasača".

To znači, ako interes srpskih glasača, koji su zapravo dio Popisa birača u Republici Hrvatskoj, bude da se Srb proglasi antifašističkim ustankom naroda, ili da je Oluja zločinački pothvat genocidnoga naroda, onda će Pupovac vladi isporučiti veto ako ona na to ne pristane. Politička radikalizacija nije u interesu srpske nacionalne manjine u Republici Hrvatskoj. Tamo gdje nacionalne manjine postoje u državama Europske unije u pravilu se priklanjaju političkoj opciji koja na izborima osvoji većinu bez njihovih glasova. To je elementarno i pristojno ponašanje. Veto je izraz političkoga naroda. Srbi to, iako se čini da (opetovano) jesu, u Republici Hrvatskoj (još) nisu.

Napokon, stigli smo do rješenja i odgovora na pitanje "što bi trebalo učiniti da se situacija popravi u sljedećih desetak godina?".

Prvo. "Srpska zajednica treba raditi na samoodrživosti, gdje god je to moguće"! Što je samoodrživost? Pretpostavimo na trenutak, da samoodrživost nije u svezi samodržavlja (oblik carske vlasti u bivšoj carskoj Rusiji, u svezi je s apsolutizmom), ali ne zaboravimo i taj pojam. Kako neka "zajednica" može ostvariti samoodrživost kad znamo da srpska nije amiška zajednica, i da RH nije SAD? Nikako. "Srpska zajednica" realno ne može biti samoodrživa u teritorijalnom, prometnom, gospodarskom, energetskom, obrazovnom, upravnom, sigurnosnom i svakom drugom pogledu. Najveći stupanj samoodrživosti "srpska zajednica" ostvarila je, istina, protuustavno u RSK. I pokazala se kao samoneodrživa. Samoodrživost "srpske zajednice" u Hrvatskoj moguća je samo u fantazmagorijama o velikoj Srbiji u kojoj bi „srpska zajednica" u Hrvatskoj postala „parče" „vasceloga srpstva" koje živi u jednoj državi. Takva se velika Srbija ne može održati, ako uključuje jedan pedalj hrvatskoga međunarodno priznatoga teritorija. Samoodrživost je protuustavna.

Čudi činjenica da na to polaznici i aktivisti nisu upozoreni od profesora Jovića i Pupovca, koji imaju neposredno iskustvo pada utopije srpske samoodrživosti u Republici Hrvatskoj. Zašto novi naraštaj „Srpkinja i Srba u Hrvatskoj" uvode u stare zablude? Zbog „dijaloga s Hrvatima", zbog „stjecanja povjerenja Hrvata", „promjene slike o Srbima"? Ipak, dokument u prvi plan ističe poticanje „privatne i grupne poduzetničke inicijative i osloniti se više na sebe nego što je dosad bio slučaj". Koliko god se oslanjala na privatno i skupno poduzetništvo, „srpska zajednica" ne može dosegnuti gospodarsku samoodrživost u Republici Hrvatskoj, ako pritom nema monetarnu vlast, platni promet, teritorij, vojsku, policiju, carinu, granice i druge elemente pune državnosti. Bez pune državnosti ne postoji samoodrživost. Rijetke su i države koje u „globalnome selu" mogu izdržati samoodrživost. Nijedna nacionalna manjina u nijednoj državi Europske unije nije ostvarila samoodrživost. Pritom se ovdje valjda ne misli na samoodrživost financiranja narečene zajednice, bez sudjelovanja državnoga proračuna Republike Hrvatske.

Drugo. Politički predstavnici, ovaj put „Srba u Hrvatskoj" trebaju „osigurati da država, županije i općine ne stvaraju prepreke takvoj inicijativi (samoodrživosti „srpske zajednice", nap. NP), nego da je omogućavaju, prije svega stvaranjem uvjeta: zakonskih, u praksi, a posebno infrastrukturnih uvjeta koji su osnova za malo i srednje poduzetništvo, obrazovanje i razvoj kulture i identiteta Srba u Hrvatskoj. Predloženo je da se pokreću posebni fondovi za razvoj i da se intenzivira rad Centra za razvoj i investicije". Prije negoli se precizno definira pojam samoodrživosti „srpske zajednice" uz pomoć predstavnika „Srba u Hrvatskoj", države, županije i općine, treba definirati prethodne pojmove, kako bi se uopće znalo tko, što i gdje traži samoodrživost, te koji su ciljevi samoodrživosti „Srba u Hrvatskoj" unutar hrvatske nacionalne države.

Treće. „Suradnja (i ovdje „Srba u Hrvatskoj", nap. NP), s Hrvatima na temelju zajedničkih interesa korisna je za sve i treba je poticati". Koje zajedničke interese mogu imati većinski narod i Srbi u Hrvatskoj? Samoodrživost „srpske zajednice"? Opet se težište prebacuje na politički teren umjesto na manjinski, naime, „dosad je uključivanje predstavnika Srba u institucije bilo često samo formalnost, a u stvarnosti su i dalje ostali isključeni iz stvarnog procesa odlučivanja ili su se suočavali s nesavladivim preprekama". Jesu li unutar nacionalne države funkcije „Srba u Hrvatskoj" poput - državnoga tajnika, pomoćnika ministra, ministra – formalnost, isključivanje i nesavladiva prepreka?

Četvrto. „Treba nastaviti razvijati institucije i organizacije Srba u Hrvatskoj, koje trebaju biti inkluzivne i temeljene na principima solidarnosti i razumijevanja". Utjecaj Plenkovićeve centremističke retorike na vokabular „srpske zajednice" je očit, čime je moguće i njegova politika inklulzivirana u dokument s obzirom na to da je nakladnik Pupovac okarakterizirao aktualnoga šefa vlade kao „suho zlato". Međutim, inkluzivizam je ovdje shvaćen jednostrano – samo kao uključivanje manjine u većinu. Nedostaje dvosmjerno uključivanje: većine koja tvori nacionalnu državu u manjinu. Vrijednosti većine potpuno su isključene.

Peto. U rješenja koja mogu popraviti alarmantno stanje opisano u prvom dijelu dokumenta spada i naputak – „treba koristiti prednosti članstva u Europskoj uniji kako bi se brže razvili nerazvijeni krajevi, od kojih su mnogi upravo oni gdje žive Srbi u Hrvatskoj". Ne samo prednosti članstva u EU, već bi trebalo „povećati koordinaciju tih pitanja, možda kroz poseban i stalan ekonomski forum koji bi povezivao srpsku dijasporu s domaćim poduzetnicima te kroz stvaranje registra poduzetnika".

Tko se ovdje podrazumijeva pod „srpskom dijasporom"? „Srbi u Hrvatskoj" otišli iz Hrvatske? Što će Republici Hrvatskoj registar srpskih poduzetnika, nije li to argument za getoizaciju srpske nacionalne manjine? Hrvatskoj treba registar pobunjenika Srba iz Hrvatske na ustavnopravni položaj. To je put prema rješenju problema, a ne registri rađeni po nacionalnoj osnovi. Želi li to SNV-ova politakademija „brojati krvna zrnca" hrvatskim poduzetnicima?

Šesto. Ističe se potreba za „aktivan pristup" prema „kategorijama koje zbog svoje važnosti za srpsko stanovništvo traže posebnu pažnju: npr. prema mladima, demografskoj politici, pitanju povratka ili uključivanja u razvojna pitanja onih koji su otišli i starijeg stanovništva, koje danas predstavlja važan dio srpske zajednice u Hrvatskoj".

„Srpsko stanovništvo" nova je umotvorina. Srpsko stanovništvo stanuje u Srbiji. Talijansko u Italiji. U Hrvatskoj stanuje hrvatsko stanovništvo. „Srpsko stanovništvo" u Hrvatskoj može se dešifrirati jedino kao stanovništvo političkoga naroda. Simptomatično je kako dokument priznaje da i oni „koji su otišli" predstavljaju „važan dio srpske zajednice u Hrvatskoj". Dakle, ako je neki pripadnik srpske nacionalne manjine otišao iz Hrvatske, on više nije pripadnik srpske nacionalne manjine u Hrvatskoj, pa stoga ne može predstavljati „važan dio srpske zajednice u Hrvatskoj". On nije ni dijaspora, jer nacionalne manjine nemaju dijasporu, ima je samo politički narod.

Treći dio dokumenta donosi sažetke eseja s odgovorima i njime se ovdje ne bavimo, uzorak je naime, premali da bi se na temelju njega mogli izvoditi zaključci. Stoga se držimo samo „kolektivnih odgovora" i preporuka.

Iz navedenoga drugoga dijela dokumenta proizlazi kako je temeljno pitanje sljedeće: Kako promijeniti stanje nepriznatoga u priznati politički narod u Republici Hrvatskoj? Ponuđena rješenja mogu se sublimirati na sljedeće:

1. Neprihvaćanjem ustavnoga termina „srpska nacionalna manjina".

2. Manipuliranjem pojmovima „srpska zajednica", „Srbi u Hrvatskoj", „srpsko stanovništvo".

3. Insistiranjem „gdje god je to moguće" na samoodrživosti „srpske zajednice".

4. Zahtijevanjem od političkih predstavnika „Srba u Hrvatskoj" da osiguraju samoodrživost „srpske zajednice" tako da joj se „ne stvaraju prepreke", nego da je omogućavaju stvaranjem zakonskih uvjeta.

5. Suradnjom s Hrvatima na temelju zajedničkih interesa, čime se „srpska zajednica" iako još u potpunosti nesamoodrživa, stavlja u državotvornu poziciju s većinskim političkim narodom.

6. Nastavkom razvitka institucija i organizacija „Srba u Hrvatskoj".

7. Jačanjem gospodarsko ekonomske osnovice i „kroz poseban i stalan ekonomski forum koji bi povezivao srpsku dijasporu (iz Hrvatske) s domaćim poduzetnicima (Srbima u Hrvatskoj), te kroz stvaranje registra (srpskih) poduzetnika (u Hrvatskoj)".

8. Ojačati ciljane skupine „srpskog stanovništva" (u Hrvatskoj), a to su: a) mladež, b) povratnici (iz „dijaspore"), c) „onih koji su otišli" (iz srpske zajednice u Hrvatskoj u dijaspori), i d) starije stanovništvo – svi su oni „važan dio srpske zajednice u Hrvatskoj", jer program pretvaranja nepolitičkoga u politički narod može se ostvariti samo povećanjem „srpskog

stanovništva" unutar hrvatskoga stanovništva.

Je li pretjeran zaključak da „Srbi u Hrvatskoj" nastoje postati politički narod? Stanimirović je SDSS nedavno uveo u predizbornu koaliciju SDP-a („Hrvatska raste") s ciljem da na koalicijskoj listi u Vukovaru osvoji jedan mandat, uz ona tri zajamčena. Kazao je: „Osvajanjem ovog mandata uz tri u 12. manjinskoj jedinici, Srbi u Hrvatskoj postaju i politički narod, a ne samo manjina".

Iz sublimiranih rješenja, koja bi navodno popravila navodno loše stanje ciljane „zajednice", koja se prikazuje i kao „narod" u Hrvatskoj, može se zaključiti kako „srpska zajednica", „Srbi u Hrvatskoj", „srpsko stanovništvo" i „srpska dijaspora" iz Hrvatske:

1. preziru status srpske nacionalne manjine u Hrvatskoj.

2. pokušavaju ostvariti status političkoga naroda u Hrvatskoj.

3. pokušavaju srpsku nacionalnu manjinu uvjeriti da je moguće biti samoodrživom zajednicom u Hrvatskoj.

4. daju legitimitet svojim političkim predstavnicima, ideolozima i etnobiznismenima, da od države zahtijevaju stvaranje zakonskih uvjeta za samoodrživost „srpske zajednice".

5. traže da se pronađu Hrvati s kojima imaju „zajednički interes", kako bi uz njihovu pomoć proveli jednonacionalnu samoodrživost.

6. nude razvitak organizacije Srba u Hrvatskoj, umjesto srpske nacionalne manjine.

7. uvode pojam vlastite „dijaspore" zbog premaloga broja „Srba u Hrvatskoj", a zbog kojega ne mogu izravno, već moraju zaobilazno stjecati poziciju političkoga naroda.

8. uvode u Republiku Hrvatsku pojam „srpsko stanovništvo".

Bilten 13 u svojoj osnovi politički je program skupine Hrvata, hrvatskih državljana, srpske nacionalnosti iz Hrvatske, okupljene oko jednonacionalne udruge civilnoga društva na hrvatskome nacionalnom i lokalnom proračunu. Program pokušava nadomjestiti jugokomunističko određenje Hrvatske kao domovine dva politička naroda. On je izraz protudemokratske, jugoslavenske i komunističke težnje o tome da manjina diktira uvjete većini.

Koliko je takvo nastojanje usklađeno s Ustavom Republike Hrvatske, a koliko s ciljevima Republike Srbije u Hrvatskoj, tema je za ozbiljnu interdisciplinarnu znanstvenu analizu, te predstavlja izazov političkim strankama, ustavno-pravnom poretku i mjerodavnim službama Republike Hrvatske.

(hkv.hr, 13. i 20. ožujka 2018.)

O autoru:

S ovim naslovom Nenad Piskač (Zagrebu 8. kolovoza 1962.) objavio je dosad sedamnaest knjiga iz područja knjizevnosti, te političke i povijesne piblicistike. Sustavno objavljuje od 1986. Knjizevna djela (poeziju, putopise, feljtone, filmske scenarije, te literaturu za djecu) pise na standardnome hrvatskome jeziku i kajkavskome dijalektu. Djela su mu uvrštena u više antologijskih izbora poezije i putopisa. Prema njegovim scenarijima snimljena su dva dugometrazna dokumentarna filma.

Radio je u različitim tiskovinama, neke je i sam pokrenuo, na poslovima novinara, urednika i glavnoga urednika. Uredio je brojna knjizevna izdanja i zbornike radova: Dani dr. Franje Tuđmana - Hrvati kroz stoljeća, Kajkavski u sadašnjem i budućem obzorju. U invalidskoj je mirovini od 2013. Piše u Vukovom Selu. Ozenjen je i otac cetvero djece. Veteran je Domovinskoga rata, dragovoljac Zbora narodne garde i hrvatski branitelj borbenoga sektora HV-a (medalje: Spomenica Domovinskoga rata, Bljesak i Oluja). Član je Društva hrvatskih knjizevnika. Dugogodišnji je kolumnist portala Hrvatskoga kulturnoga vijeća (hkv.hr) i član Umjetničko prosudbenoga vijeća Festivala domoljubnoga filma Gordan Lederer.